TOEIC亡国論

猪浦道夫
Inoura Michio

a pilot of wisdom

目次

第2章　TOEICとはどういう試験か

第8章　TOEICとどうかかわるべきか——学生&保護者への提言——106

第11章　正しい英語学習法2——会話、発音学習法 ———— 161

図版作製／ＭＯＴＨＥＲ

はじめに

英語教育界はＴＯＥＩＣ（国際コミュニケーション英語能力テスト　Test of English for International Communication）一色の感がある。大きな書店の語学参考書コーナーは、90％以上が英語の参考書で占められ、そのうち半分以上はＴＯＥＩＣをはじめとする検定試験の参考書で占められている。そして、そのまた約80％はＴＯＥＩＣ対策本である。

ＴＯＥＩＣは、１９８０年代に始まった英語教育の「改革」（筆者は「改悪」だと思っているが）に歩を合わせるように英語教育界に浸透してきた。それまで英語検定の王者であった「英検（実用英語技能検定）」がいささか学校英語的とみなされて、新しい国際社会に通用するビジネスピープルに必要な「使える語学力」を標榜《ひょうぼう》し、官民一体で支持されてきた。

ＴＯＥＩＣが生まれてまもなく40年近くになり、いわばブームのようになった１９９０年頃から数えても30年近くになる。

はたして、その効果はどうか。

筆者は翻訳や教授業、参考書制作など、英語を実践の場で使い、多くの学習者の方々に教えもしてきたが、結論をずばり言うと、英語学習者の会話能力は30年前の学習者と比べてもさして変わらず、むしろ読解能力や英作文能力（ついでに言うと国語能力も）にいたっては低下の一途をたどっているとしか思えないのである。

どうしてこのような事態に陥ったのかという点に関しては、いろいろな要素を言語学的に分析して考えてみれば当たり前すぎるほど明らかである。しかるに、文部科学省、教育関係者、企業経営者、一般学習者が、なぜＴＯＥＩＣに振り回されているのか理解に苦しむ。

筆者の仕事仲間のＴ氏はこう言う。

「会社の人事部にいたとき、ＴＯＥＩＣで高得点の学生を国際部の要員として採用したことがあった。しかし、実際には英文メールは書けない、会話はできないで、人事部にクレームが入った。もし英語ができる人材をほしいと思ったら、その企業はＴＯＥＩＣに関係なく、メールを書かせる試験や、英語による面接試験をやらないとだめですね」

筆者は当初、「グローバルビジネス」に憧れる日本のビジネスピープルが、英語による真の意味でのコミュニケーション力を身につけるべく努力することには敬意を払っていたが、彼らがこぞってＴＯＥＩＣを受験する意味がわからなかった。ＴＯＥＩＣは英語でのビジネス・コミュニケーション力とは何の関係もない試験だからだ。しかし、ＴＯＥＩＣをめぐる実態を調査するうち、それよりさらにゆゆしき問題が進行していることに気づいた。それは、学校教育におけるＴＯＥＩＣの浸透あるいは蔓延《まんえん》である。

無思慮な大人たちがこの試験に踊らされているうちに、国の将来を担うべき子どもたち、学生たちは英語の能力が向上するどころか、間違いだらけの英語教育を受ける羽目になっている。このことはすなわち、日本人、日本という国、日本の文化を衰退させる要素となりかねない。

本書では、この問題に警鐘を鳴らし、英語（外国語）の学習が日本語やコミュニケーション力をも高める相乗効果を生み出すような、本来あるべき語学教育を提言したいと思っている。

序章　「英語ができる」とはどういうことか

英語を学ぶ方に学習している理由を尋ねると、当然のことのように「英語ができるようになりたいから」と言う方が多い。

しかし、よく考えてみると「できるようになる」と言うが、英語の何がどのぐらいできるようになればよいのか、具体的に考えている方はほとんどいない。たいていの方は漠然と「英語がペラペラになりたい」としか考えていないのではないだろうか。

実際、このことをさらに突っ込んで尋ねると、「せめて日常会話ぐらいできるようになりたい」と答える方がほとんどである。

ところが、筆者に言わせれば、ある意味「日常会話ほど難しいものはない」のだ。その理由はこの本のなかでおいおい理解していただけるようになると思うが、短期間で習得可能なのは、みなさんが難しいと思っている「専門的な文献の翻訳やメールを書く」ことだ。

経営コンサルタントの神田昌典氏が『お金と英語の非常識な関係（上・下）』で筆者が考えているのと同じ意味のことを書かれている。

氏はこの著書のなかで、世のビジネスピープルは忙しい。日常会話は捨てて、ビジネス会話だけ練習しなさい、という意味のことを言っている。まさしくその通りである。その根拠については、後ほど専門的に検証してみる。

話を元に戻すが、結論を言ってしまうと「英語ができる」と言った場合、最終的に目指すべき目標はふたつしかない。ひとつは、旅行するときなどにカタコトで何とか表面的なコミュニケーションがとれるレベル、もうひとつは、専門的な話題に関して高度なコミュニケーションができるレベルである。

後者について具体的に言えば、ビジネスピープルだったら、外国人と商談ができ、契約書が読め、メールがすらすら書けるレベルである。その業界で一線に立つ研究者や技術者ならば、自分の専門分野の専門的な内容に関してディスカッションができ、文献を読んだり論文、レポートを書いたりできるレベルである。このような語学力を身につけるには、相当な時間と努力が必要である。

この中間ぐらいの語学力というのはあり得ないのだ。なぜなら、英語による高度なコミュニケーション力は、結局高度な読み書きの力がないと得られない能力だからである。ともかく、「英語ができる」と言っても、何がどのぐらいできる必要があるのかによって、語学能力のいろいろな側面やスピーチレベル（214ページ参照）を考慮しないことには、ひとことで評価を下すことはできない。

そこで、第1部では、現在我々の前に横たわっている問題を明らかにし、それを分析、考察する。後半の第2部では、諸問題に対してどのような解決策が可能か、またどのような学習方法が望まれるか、を中心に考察していきたい。

第1章では、我が国における現在の言語教育の実態と問題点を指摘する。

第2章では、TOEICという試験がどういう内容の試験かを説明する。

第3章では、TOEICが学校教育や企業など、各分野でどのように採用されているかを調査してみる。

第4章では、TOEIC試験受験者からの忌憚《きたん》のない意見をご紹介する。

第5章では、第3、第4章を踏まえて、TOEIC試験を総合的に評価する。

第6章では、さまざまな英語能力について分析を試み、さまざまなモチベーションをもった学習者がどのような英語能力を必要として、それに対してTOEICがどの程度有効かを考える。

第7章では、学習者の立場によってどのような語学力を身につけるべきかを考察する。

第8章では、これまで考察してきた事実を踏まえて、英語学習者がTOEICとどのようにかかわっていくべきかを提言する。

第9章では、TOEICを推進している文科省、経済産業省や企業経営者たちに、より良い試験を開発することを提言する。

後半の第2部の第10章では、英語の読み書き系の正しい学習法について考える。

第11章では、日本人が苦労している英語の会話、発音の学習法について考える。

第12章では、語学のプロを目指す方々に対してアドバイスを差し上げたい。

最終章の第13章では、熟年層、高齢者の英語学習は可能かについて考えてみたいと思う。

第1部　我が国の英語教育の現状とＴＯＥＩＣ

第1章　我が国の言語教育の現状
――文科省による亡国の言語教育政策

国語教育、文法教育の崩壊

「木を見て森を見ず」という諺《ことわざ》にあたるものとして、英語にも“can't see the forest for the trees”という表現がある。日本の文科省が進めている学習指導要領は、どう考えてもこの諺がぴったりのように思う。ＴＯＥＩＣなど英語検定に振り回されている方たちはその犠牲者と言える。

小・中学生は、日本語の語彙《ごい》も表現能力も（そしてコミュニケーションする意思も）まだ十分でないにもかかわらず、「使える英会話」（それも受け売りの表現を覚えるだけの）の習得を強要されている。そして、大学を出て企業に入ると、英会話ができないと会社にいづらいというような時代になってきている。

日本人が「英語ができない（ような気にさせられている）」理由を挙げればいろいろあるが、まずは英語そのものが難しい言語であり、しかも音声的にも文法構造的にも、そして文化的背景の点でも、日本人にとって、学習上、相性の悪い言語であることが挙げられる。まずこのことを理解している方が少なすぎる。

そして、日本人は英語ができない（と思わされている）最大の理由は、家庭、および学校での貧弱な国語教育に根本的な原因があると筆者は確信している。

日本の小・中学校では、国語である日本語教育のなかで、論理的思考を養う指導がほとんど行われていない。まず、日本語で物事をロジカルに考え、他人とコミュニケーションする訓練をしていなければ、外国語を学んでも、母国語との表現の仕方や考え方の違いを観察し、その「違い」をある意味で「味わう」というような能力は養われるはずがない。

日本語の動詞の活用を説明できない日本人

日本人ほど自国語のことを知らない国民も珍しい。

筆者は若いとき、ニュージーランド人の日本語学習者から、「日本語の動詞の現在分詞（ここでは「て、で、で終わる連用形」と思っておいていただきたい）はどのように作るのか」と聞かれて、その法則を説明できない自分にショックを受けたことがある。

例えば、「切る」は「切って」だが、「着る」は「着て」だ。「切って」や「着て」という語形がどういうときにどうすれば得られるのか、ということだ。

我々は日本人のネイティブスピーカーだから、もちろんその語形を言えと言われれば答えられるので、法則は知らなくても困らない。しかし、外国人はその「決まり」（＝文法）を学ばないと「切って」と「着て」を区別できない。

もっとも、国語の教師のなかには、こういうことをきちんと教えている方もいらっしゃるだろう。そういう教師は尊敬に値するのだが、筆者が教えている生徒たちで、こうした決まりを説明できる方はまれである。

さて、今では立派なジャーナリストになったそのニュージーランド人の友人は、そのとき、「決まり」を説明できない筆者を揶揄《やゆ》して、「どうして日本語の動詞なのに規則を知らないの？　僕は "-ing" 形の作り方を教えられるよ」と言ったのを覚えている。

もし、我々が小学校のときから、このような言葉の決まりを考える習慣がついていれば、外国語を学習するときも「どういう規則になっているか、規則があるはずだ」と思うようになっているはずだ。

日本の国語教育ではほとんどこのようなことを教えていないので、英語を学ぶときにも「決まり」にのっとって英文を組み立てるという発想がなく、ただ「丸暗記」しか方法がないように思う学生が多くなるのだ。

丸暗記英語の蔓延

小・中学生が最初に英語を習うとき、典型的な例文を丸暗記させられ、それがどうしてそういう語順になるのかは教えられないし、教わる側も考えもしない。実は、こういうことを疑問に思う子は、たいてい一時的に英語の劣等生になり、英語が嫌いになる。そのまま外国語アレルギーになる子もいるが、後年素晴らしい語学の使い手（特に翻訳家や文法学者）になるのはこの種の子なのである。

しかし、たいていの生徒たちは初歩のときに習った単純な語順（例えば「主語→動詞→目的語〈補語〉」）が身に沁《し》みついてしまう。だから、学習レベルが上がって複雑な文章が出てきても、深く意味を考えないで語順のみに従ってフィーリングで意味をとってしまいがちなのだ。

話は脱線するが、実は中国語、インドネシア語などアジア系の言語は語形変化が少なく、乱暴な言い方をすると「単語を並べれば何となく通じる」傾向が強い。仕事で東南アジアに赴任したビジネスピープルで現地の言葉を巷《ちまた》で覚えた方は、英語もあまり語順など気にせず〝どんぶり勘定〟で会話している（筆者は、こうした方々の語学学習方法をあながち否定する気にはなれない）。

日本の英語学習者の多くがフィーリングで何となく英語を使っているという傾向が強いという筆者の主張は、フランス語やドイツ語など英語以外の欧州語（それらはたいてい英語より、語形変化が複雑である）を学習した経験のある学習者たちからも支持されている。

筆者のところには、英語以外の第二外国語をかなりのレベルまで習得した生徒がよく来るのだが、彼らはよく「英語は難しいので苦手です」と言う。彼らがよく言うことは、「英文は文の構造がわかりにくい。語形変化が、名詞の複数にしても、動詞の三単現（三人称・単数・現在形）にしても具体的には〝-s〟だけなので、ぱっと見、その単語が名詞なのか動詞なのかわかりにくい」というものだ。

英語しか学んだことのない方は、フランス語やドイツ語は格変化（211ページ参照）や動詞の活用など複雑で難しそう、と言うのだが、逆に英語以外の言語を学んだ方は英語のほうが難しいと言う。

彼らにとって英語が難しいと感じるのは、第二外国語を学習するときには、最初にきっちり初級文法を学び、それをベースに肉付けしていくような学習をしているからである。この動詞の活用は何の時制で、法（216ページ参照）は何か、とか、格の支配はどうなっているのか、とか言われて学習してきたので、知らない間に文の構造を分析しようとする学習態度が身についているからなのだ。

話を元に戻すが、いつまでも英語ができるようになった気がしないという方は、一度原点に立ち返って、小学校高学年向けの「国語文法」の本を読んでみることをお勧めする。

そうして、日本語の仕組みをひとつふたつ例にとって、英語ではその構造がどのように表現されているか比較、観察してみるとよい。まさにロジックの力を高める良い練習になるのは間違いない。

語学教育だけが幼児化

筆者が常々思っていることなのだが、このＩＴ時代に、語学学習はいまだ原始的で非科学的なのはどうしたことかと思う。原始的かつ非科学的と言ったのは、ほかの学問なら最先端の科学的成果を採り入れて研究効率を高めるはずなのに、語学学習においてはそれが応用されていないという意味である。

例えば、ＩＴ分野ならアプリ、プラットホームといった用語を使わなければ説明ができないだろう。それなのに英語教育では、意識的に文法用語を避けるようになってきている（ＩＴ時代ということで言えば、ＡＩ〈人工知能〉の発達で語学学習は必要がなくなるのではないか、と思う方もいるかもしれない。この問題に関しては、第12章でじっくり考えてみたい）。

最近の中学英語の教科書では、「コミュニケーションを重んじる」ため、昔の教科書に多くあった、冠詞（212ページ参照）、前置詞などの文法用語は制限されているという。「コミュニケーションを重んじる」ため、というのはおそらく文科省の官僚の考え出した表現だろうが、語学教育を指導しているはずの文科省官僚たち自身のコミュニケーション能力の欠如が露呈している。

ともかく、現在の小・中学校の英語教育では「使える英語」と称して平易な口語表現を丸暗記せよ、難しい（?）文法用語は使うな、という英語学習が主流になりつつある。先に指摘した「丸暗記英語の蔓延」はこうしたことも原因としてあるのだろう。背景には、英語教育の大衆化と、それに伴う学生たちの学力低下がある。

戦後の英語一辺倒の外国語教育

広い目で見ると、第二次世界大戦後の我が国の外国語教育は、ある意味で不幸な状況に置かれたと言える。つまり、戦後世界の共通語として英語が圧倒的な力をもつにいたったなかで、日本は、アメリカと緊密な関係をもつ政治経済的な理由もあって、日本人にとって非常に相性の悪い（＝習得しにくい）英語という言語が事実上「外国語」を意味することになったのである。

これで戦後、日本の学校教育で英語以外の外国語を選択する可能性がほとんど閉ざされてしまい、外国語学習者の多くが「日本語vs.英語」の二元的思考にとらわれるようになってしまった。

筆者は中学校に入ったとき、通信簿に「外国語（英語）」という科目名があって、（英語）ではなく、「外国語（ドイツ語）」という中学校もあるのかな、と思ったことを覚えている。

戦前の旧制高等学校では、英語、ドイツ語、フランス語のいずれかを専攻言語に選ぶことになっていたという（英語専攻者は文科甲類、ドイツ語専攻は乙類、フランス語専攻は丙類と分けられていた）。また、中国語やスペイン語などを学習している学生もいて、今日ほど英語一辺倒の状況ではなかったそうだ。

筆者は日本人の多くの言語観が硬直化してしまっているのを常々感じている。これが過剰なアングロサクソン・コンプレックスを引き起こし、柔軟な思考力の発展を阻害しているように思えてならない。

このような状況では、客観的に言語構造を観察、分析する目が養われない。英語しか勉強したことのない多くの英語教師たちも、英語と日本語を客観的に観察し、比較・分析することをしないので、生徒たちに「決まり」や学習上有効な「ガイドライン」を与えることができない。

いきおい、少しでも多くの単語や語法を丸暗記した者が勝ちという学習方法を学習者に強いることになり、その結果、ほとんどの語学学習者が「語学＝暗記の積み重ね」というイメージを強くもっているのが現状だ。

この問題については、ロシア語の通訳をされていたエッセイストの故米原万里《よねはらまり》氏も興味深いことを書いておられる。彼女は、幼い頃チェコスロバキアで暮らしていたときに、ロシア語、チェコ語という言語に触れる機会があったことで、通常の日本人学生と異なり、英日以外の第3、第4の視点をもつことができ、その後の語学人生に大きな影響を与えてくれたというのだ。

その他、こうした英語一辺倒の外国語教育の問題を指摘する本も刊行されている。『英語だけの外国語教育は失敗する——複言語主義のすすめ』（鳥飼玖美子・大津由紀雄・江利川春雄・斎藤兆史）だ。

鳥飼玖美子氏は前々から折に触れてこのことを指摘しておられたし、そもそも氏は、共著者の斎藤教授とともに、実はフランス語も堪能《たんのう》で、そのバックグラウンドがものを言っていることは想像に難くない。

筆者としては、長年思い温めてきた考え方を共有してくださる先生方が現れるようになったことを、心から歓迎したい。とともに、文科省や外国語教育関係者に、ぜひともこの問題について再考を促したいと思う。

外国人教師至上主義

文科省の官僚の、時代錯誤的な根深い西洋コンプレックスと語学教育におけるネイティブ至上主義も、これまた大きな弊害を生み出している。

もしネイティブ教師を起用するなら、相当高度な日本語の知識と母国語（英語）に対する客観的な構造理解をもち、そして教授法の学習を、最低でも2年は学んだ者を採用すべきだ。

ネイティブの教師が必要とされるのは、すでに相当コミュニケーション能力がある学習者にとっての会話の相手、英語で書いた文章の添削、校閲のような場面においてであり、いずれも教養あるネイティブであることが条件だ。

それ以外のケースでは、原則として日本人で適切な指導のスキルをもっている教師から学んだほうが効率的だ。ただし、ハイレベルな専門教育の段階で優れたネイティブの教授について学ぶのは、言うまでもなく素晴らしいことだ。

この外国人至上主義のもっとも大きな弊害と言えるのは「JETプログラム」と呼ばれる、外国青年招致事業だが、これについては第9章で改めて詳述する。

ある国立大学図書館での職員英語研修の実態（インタビュー）

ここで、今の日本社会で、社会人たちにどのような英語研修が行われているか、実例を調べてみようと思う。ふたりの知人に現状を尋ねてみた。

ひとり目は日本を代表する国立大学の図書館勤務のT氏（50歳男性）だ。彼には、どのような職員対象の英語教育または研修が行われているか、インタビューしてみた。

「初級・中級の英会話研修から始まり、事務職員英会話研修（業務別）、事務職員専門英語研修、電話応対に特化した研修、窓口対応のための異文化理解・英会話研修、英語通信講座研修、英文Eメールライティング講座研修などがあります。

それらの研修を受けた人・受けている人はその年度のTOEIC（公開テスト団体一括受験）を受けなければなりません。

またe-ラーニング研修や放送大学利用による職員研修にも英語科目があります。ほかには海外高等教育機関事情調査研修というものがあり、今年度はシドニー大学、ニューサウスウェールズ大学、ワシントン大学に2～4週間の研修がありました。またブリティッシュ・カウンシルが主催する1週間程度のイギリス大学視察研修への参加もあります。

研修の機会はありますが、英会話研修では英会話学校の講師が週2回教えにくる程度なので、それほど効果があるとは思えません。実際、図書館でこの研修を受けた人でも、英語での図書館見学案内担当を頑《かたく》なに拒む人がいます。グローバル化のため、学内の広報メールを日英併記にしようという動きがあったときにも、事務局内では『そんなこと言われたって対応できないよ～』という声が聞かれました」

T氏は、個人的な見解であるとことわったうえで、続いて外国語教育に対する持論をお話ししてくださった。

「外国語の運用能力の基盤は分厚い翻訳能力であると思います。英語の能力はまずは初級文法と基本単語2000語くらいを集中的にトレーニングして基礎的な力をつけさせ、同時にそのトレーニングのなかでその後の学習法の習得をさせたり、言語というもの自体への感覚の予感めいたものを感じさせることができればよいのだと思います。

結局、翻訳能力の天井はその人の母語の能力ということになるのかなと思っており、母語の能力を向上させる方法は、ヘンリー・ミラーが『わが読書』のなかで『本の河をじゃぶじゃぶ徒渡《かち》りする』と書いていたと思いますが、そういうことしか思いつきません。ですが、これは方法とは言えませんね。そもそも読書の本質が効率と背馳《はいち》しているのかもしれませんね。

ちなみに、学生の英語教育に関してもも少しコメントしますが、うちでも、TOEICに力をかなり入れていて何点以上取らないと単位が取れないという科目もありました。今年はどうかわかりませんが。TOEFLも導入するそうです。

また大学院の英語での授業の拡大にも力を入れています。ただ学生からは、教師たちの下手な英語で授業されては、わかるものもわからないという、厳しいというか妥当な意見もあります」

IT企業の職場の実態――技術通訳に関する問題点（インタビュー）

次に、筆者の大学の後輩で、大手外資系企業で活躍するH氏（42歳男性）にもインタビューしてみたので紹介しよう。

「企業内の英語に関する問題という点では、私の場合、技術関係業務でのやりとりになります。ただし、普通の社員が通訳業務をこなせるのは、せいぜい『非専門家の工場視察』

レベルです。

実際の技術的な交渉にはその分野特有の単語が飛び交い、開発、設計、製造、試験、出荷、運用などのプロセスを理解していることが前提の会話となりますので、高校程度の英語力や本で学習した専門知識では対応できません。結局現場での経験がものを言うのが実状です。優秀な人でも最低1年ぐらいの業務経験が必要です。

しかも専門分野と言っても、例えば、半導体技術、通信技術といった大まかなものではなく、半導体なら製造プロセス、論理設計、利用技術というふうに、より狭い分野でのコミュニケーションができなければなりません。

しかし現実には、英語力のない我々エンジニアが、下手な英語で時間をかけて交渉しているのが実状ですので、英語がらみのトラブルはしょっちゅう起きます。私の知る限り、エンジニアの語学力は少数の例外を除いて悲惨なものです。そもそも大学受験の際に、英語は嫌いだからという理由で理系に進んでいる人も多いので当然とも言えますが、致命的なのは、同時に彼らが『現代国語はもっと嫌い』という事実です。

クライアントとしては、自分と同じくらいの（場合によってはそれ以上の）専門知識を要求したくなると思いますが、ではそういう場合に、エージェントなどに依頼して一般の通訳さんに来てもらったとしても解決できることはほとんどありません。

逆に専門家から通訳（というよりは対外コーディネーター）となって成功している例もあります。私のある友人はアメリカ駐在の後退職して宇宙分野のコンサルタント会社を経て、現在はアメリカで独立して、日米の関連機関、会社との調整業務や司法省の仕事もしています。

彼に会議の通訳を依頼することもあるのですが、完全とは言えませんが『さすがに経験があるからなぁ……』と感心することしきりで、日米双方から信頼を勝ち得ています。

自分の経験を思い出してみると、要するに『ちゃんと読み書き』できれば、会話などあまり身構えなくても困らない程度には上達するものですね。昔、ちゃんと英語を読めなかった頃、特に作文が全然できなかった頃は、まったく話せませんでした。

それに、レベルの高いネイティブとビジネスの交渉をするときは、先方も間違いのないよう、ゆっくり明確に話します。そんな場面でわかりにくいギャグやスラング（214ページ参照）など使う人はいません」

以上がH氏のインタビューの内容であるが、いくつか重要な指摘があるように思う。

1　技術翻訳は優れた人材が少ない。

2　技術翻訳は、英語もさることながら、現場の経験、専門知識がないとできない。

3　専門知識に英語力を肉付けするかたちで語学のプロになるケースは成功しやすい。

4　技術系企業のビジネス・コミュニケーションでは、一般英会話のスキルはほとんど必要ない。

5　技術系企業のビジネス・コミュニケーションでは、専門用語の知識があり、じっくり落ち着いてやりとりすればそう緊張することはない。

しかし、筆者としては、自信をもってコミュニケーションできるようになるための英語の学習メソッドの必要性は、理系のほうが高いと感じた。これには、英語学の専門家と各専門分野で優秀な語学力をもつ方々とのコラボレーションが必須であると考える。

第2章　ＴＯＥＩＣとはどういう試験か

TOEICとは

ＴＯＥＩＣについて論ずる前に、ＴＯＥＩＣがどういう試験か確認しておくことにする。

ＴＯＥＩＣは〝Test of English for International Communication〟の略称で、日本では「国際コミュニケーション英語能力テスト」と訳されている。英語を母語としない方を対象にした、英語でのコミュニケーション能力を測るための試験である。

この試験の開発、運営、試験結果の評価を行っているのは〝Educational Testing Service〟（以下、ＥＴＳ）というアメリカの非営利団体である。この団体は、後ほど触れるＴＯＥＦＬ（Test of English as a Foreign Language）という試験の開発にもたずさわっている。

1977年に、長年アメリカのタイムズ社に勤務していた故北岡靖男氏や、その知人の通商産業省（現経済産業省）官僚だった渡辺弥栄司《やえじ》氏が、ETSに開発を依頼したのがきっかけとなり、1979年に、日本経済団体連合会と当時の通産省の要請に応えるかたちで開発された。

この試験の開発にあたっては、言語学の専門家ばかりでなく、統計学、心理学などの専門家の協力も得て、非英語話者の英語力が正確に測れるよう努めている。毎回異なった問題が出される（ただし多少再利用される場合もある）が、テストによる測定値の変動が出ないように特殊な統計処理がなされている。

試験は（会場にもよるが）年10回、ほぼ毎月一度のペースで実施されており、日程その他の情報は日本でこのテストを実施している国際ビジネスコミュニケーション協会（IIBC）のサイト（http://www.iibc-global.org/toeic.html）で見られる。試験会場は主に大学などが使われている。

ところで、TOEICというと、この試験のことをあまり知らない方は一種類しかないと思うかもしれないが、現在では、通常のTOEIC（これは「リスニング」と「リーディング」

を試験するものなのでL&Rという）のほかに、「話す」「書く」の能力を測ろうとするTOEIC S&W、さらに初級レベルの受験者を対象にしたTOEIC Bridgeがある。

IIBCによれば、L&Rの受験者数は1984年度に約5万9000人、1994年度には約44万3000人、2004年度に約143万3000人だったものが、2014年度は約262万9000人と、凄《すさ》まじい勢いで増加している。団体などでまとまって受験する方と、一般受験者の数は常に半々程度である。

TOEICの試験内容と分析

TOEICは、リスニングとリーディングの試験からなり、試験時間はトータルで約2時間である。リスニングは試験時間45分間で100問の問いに答える。リーディングは試験時間75分でやはり100問の問題が出題され、すべてマークシート方式で答える。

リスニングでは、録音された会話、ラジオの広告、デパートのアナウンスやナレーションなどを聞き取る能力をテストする。例えば、写真が示されてその内容に関して1回だけ読み上げられる。選択肢から選ぶとか、会話の内容に関してたずねる問題とか、そういうかたちで出題される。

リーディングでは、印刷された文章に関して内容を問うものとか、若干の文法知識を要求する問題とか、語彙を問う空所補充問題も含まれている。

テスト内容を分析してみると、学問的な内容、抽象的な議論や、政治経済に関する内容のものは出題されない。また、遊びに関する話題も避けられていて、日常のルーティン・ワークに関する内容で終始する。

つまり、一部の方しか知らない専門用語が出てくる会話、また逆にスラング（俗語）や崩れた発音や方言色の濃い文章は扱われない。問題文は標準的で、ややゆっくり明瞭に発音されている。

もうひとつの特徴は、試験時間に比して問題数が多いことからもわかるように、じっくり考えるタイプの問題は出ないということだ。したがって、文章をきっちり分析して読む力ではなく、即時反応する瞬発力のようなものが重要視されているわけだ。

TOEIC S&W――TOEICのアウトプット試験

ＴＯＥＩＣのテストは、すでに述べたように、聞き取りの能力と読んで理解する能力だけを測る試験である。このような方式になっているのは、採点を大量にかつ効率的に（つまりコンピュータで）行う必要があるからであろう。

つまり、話す力、書く力という能力は測れない。これが後で問題にするＴＯＥＩＣの弱点であり、英語力全体の評価をするうえで注意しなければならない点である。

具体的には、発音の良《よ》し悪《あ》しが測れない。単語のスペルが正しく書けるか、文法的に正しい文が書けるか、も測れない。対人的なコミュニケーションセンスもわからない。

そこで、このような弱点を補完しようとするためか、現在では、スピーキング能力を評価するために、ＴＯＥＩＣ Ｓ＆Ｗという試験も制作された。

Ｓ＆Ｗの「Ｓ」は“Speaking”、「Ｗ」は“Writing”の頭文字をとったもので、その名の通り、英語を話したり書いたりする実践的な能力を測る試験だ。２００６年度から実施されるようになった。

スピーキングは11問で約20分、ライティングは8問で約60分の試験時間となっている。

2016年度で、受験者はまだ3万2000人程度だが、ビジネスで使える英語能力ということで、通常のTOEICより高く評価されている。

TOEIC S&W試験の方法や評価方法と出題内容

この試験はマークシート形式による方式ではなく、マイクに吹き込んだり、パソコンで英文を打ち込んだりするかたちで回答を作成する。

試験会場では、各受験者が1台のパソコンを使い、スピーキングではヘッドセットをつけて回答する。試験の際、受験者が話した内容を録音し、それを採点する。

ライティングテストにおいては、キーボードを使って英文を作成する。最後に英語でエッセイを記述する問題もあるので、和文英訳のかたちでなく、自由作文能力が測れるようになっている。

S&Wの試験結果は10点刻みで評価され、スピーキング、ライティングそれぞれ200点、トータルで400点が満点になっている。スコアのレベルは、スピーキングは8段階、ライティングは9段階で判定される。

受験者の平均スコアは、2017年11月現在でスピーキングが120点半ば、ライティングが130点台後半とライティングのほうがやや少し高くなっている。

これらのスコアとは別に、「発音」と「イントネーションとアクセント」のレベルが、「HIGH/MEDIUM/LOW（高い、中ぐらい、低い）」の3段階で評価される。

出題される内容は、送られてきたメールに対する返事を書くとか、同僚などからの電話に対応したり、意見を述べたりするなど、ビジネスの現場で実際にありそうなシチュエーションを中心に問題が制作されている。

TOEIC Bridge

筆者の見るところ、TOEICは難易度から言うと、英検の2級から準1級ぐらいのレベルだと言える。したがって、中学生のように英語を習いたての層、あるいは英語がすごく苦手で能力が低い層の受験者には難しすぎて、低いなら低いなりの実力がよく測れない。

そういう点を考慮してか、2001年度からTOEIC Bridgeという初級レベルの受験者を対象とした試験が、いわばTOEICの姉妹版として始まった。リーディング部分の問題文は通常のTOEICより短めの約60分で、問題全体の難易度も低く設定されている。リスニング、リーディングとも50問ずつで、各10～90点の配点、トータル20～180点の範囲で評価される。

TOEIC Bridgeは、中・高生の英語力のレベルチェックのために利用されてはいるが、就職や大学院入試にあたっては、TOEFLとの競合ということもあり、ほとんど参考にされていないので、利用者は比較的少数の18万2000人にとどまっている。

英検、TOEFLとの比較

最後に、比較のため、TOEICと並んでよく利用されている英検とTOEFLについても簡単に触れておく。

英検は、読者諸氏も知っている方が多いと思うが、日本人のための英語の試験と言える。

1次試験前半の筆記パートは語彙を問う空所補充問題や長文読解問題、後半のリスニングパートは会話文や音声による長文聞き取り問題で、すべてマークシート形式である。3

級以上の級では、英作文も出題される。

かつては中学生以上の生徒が受けるのが通例だったが、早期教育が盛んになってきた昨今では、小学生の受験者も増えてきている。

3級以上の級では、1次試験の合格者のみ2次面接試験を受ける。面接試験では文章の音読や質疑応答を行う。合格するには、1次、2次両方の試験に合格する必要がある。

4級、5級試験は1次試験のみだったが、最近パソコンやスマートフォンなどで行うスピーキングテストができた。

TOEFLとは

TOEFLは、アメリカの大学を受験するときに必ず受験していなければならない試験で、ビジネス英語の特徴が強いTOEICに対して、アカデミックな内容の試験である。

したがって、アメリカの大学に留学しようと思う方にとって、TOEICや英検はまったく意味がなく、TOEFLを受けていなければならない。

さて、このTOEFLはどのような試験かというと、アメリカでの大学教育についていていけるかを見るための試験であることから、リスニングのテストで出る会話の内容は、企業のオフィスなどで交わされる類のものではなく、大学の講義で経験するような内容がテーマになっている。

ＴＯＥＩＣの場合は職場やオフィスで同僚と交わされる日常的な会話が中心だが、ＴＯＥＦＬの場合は、専門教育において使われる専門用語も排除されていないのが特徴である。

なおアメリカの大学の研究活動に支障のないレベルの英語能力を測定するインターネットによる試験、ＴＯＥＦＬ．ｉＢＴというテストもある。リーディング、リスニング、スピーキング、ライティングの各スキルを組み合わせて学術的な課題の遂行能力も評価する。

その他のさまざまな英語資格試験

その他の主な英語資格試験には、48〜49ページの表のようなものがある。これらの比較考察をするのは本書の目的ではないので、深入りは避けるが、全体的に共通しているのは、英検を除いて、日本語を介する能力（英文和訳、和文英訳）がほとんど含まれていないことだ。特に、和文英訳力が測れないのは、日本人の英語上達において致命的であると思う。

年間実施回数	成績表示方法	出題形式：実施方式(*1)	受験料
2−3回	上初級〜特上級(5つ) 合否はスコア(80−230)、及びグレード	L, R, W：紙 S：ペア面接	PET 11,880円〜 KET 9,720円〜 (*5)
3回	1級〜5級 合否による表示 H27より スコアと英検バンドを併記	L, R：紙/CBT (W)：紙 (S)：面接/CBT(*2)	1級：8,400円 5級：2,500円など
3回 (H27)	0−1400点	L, S, R, W：CBT	9,720円
2回	0−810点	L, R, W：紙 (S)：タブレット(*3)	3,080円 (5,040円L, R, W, S)
約35回	1.0−9.0 (0.5刻み)	L, R, W：紙 S：面接	25,380円
3回	80−400点	L, R, W：紙 S：面接(*4)	6,000〜15,000円
40−45回	0−120点 (4技能を各0−30点で評価)	L, S, R, W：CBT	235USドル
2−3回	0−352点	L, S, R, W：CBT	9,500円
10回	10−990点 (L, R各5−495点)	L, R：紙	5,725円
24回	0−400点 (S, W各0−200点)	S, W：CBT	10,260円

文部科学省「平成28年度全国学力・学習状況調査における中学校の英語の実施に関する最終報告(案)基礎資料」より作成

主な英語の資格・検定試験の概要

試験名	実施団体	受験人数
ケンブリッジ英語検定 (Cambridge English)	ケンブリッジ大学 英語検定機構	国内人数非公開 ※全世界では約500万人
実用英語技能検定	日本英語検定協会	約339万人 (H28実績)
GTEC CBT	ベネッセコーポレーション Berlitz Corporation ELS Educational Services ※一般財団法人進学基準研究機構(CEES)と共催	非公表
GTEC for STUDENTS	ベネッセコーポレーション Berlitz Corporation ELS Educational Services	約73万人 (H26実績)
IELTS	ブリティッシュ・カウンシル、 ケンブリッジ大学英語検定機構 日本英語検定協会　等	約3万人 (H26実績) ※全世界では240万人
TEAP	日本英語検定協会	約1万人 (H26実績)
TOEFL iBT	Educational Testing Service (日本事務局：CIEE)	非公表
TOEFL Junior Comprehensive	Educational Testing Service (日本事務局：GC&T)	非公表
TOEIC L&R	Educational Testing Service (日本事務局：IIBC)	約262.9万人(H26実績) ※TOEICプログラム全体 全世界700万人
TOEIC S&W	Educational Testing Service (日本事務局：IIBC)	約1.5万人 (H25実績)

*1：L=Listening, S=Speaking , R=Reading, W=Writing　*2：Wは1級・準1級、Sは3級以上
*3：S はオプション　*4：L/R, L/R/W でも受験可能　*5：試験会場により異なることあり

筆者は日本人の総合的な英語力を測るという意味では「英検」は評価している。なぜなら、ＴＯＥＩＣ、ＴＯＥＦＬなど英語だけで制作されたテストは、畢竟《ひっきょう》「どれだけ日本語を忘れてネイティブ化したか」を測るタイプの試験だからである。

ただし、そうは言っても、アメリカの大学に入るためにＴＯＥＦＬの、イギリスの大学に入るためにＩＥＬＴＳ《アイエルツ》（International English Language Testing Service examinations）の試験で一定のスコアをクリアするという要件にはそれなりに適切な理由がある。それは、たとえ日本人にとって不利なものでも、ともかくも彼《か》の地に赴いてその国の教育制度の枠内にある大学で研究生活を送らなければならないのだから、郷に入っては郷に従えで、その国の学生が研究生活を継続できるだけの語学力、教養は当然あってしかるべきだからだ。それが日本人にとって厳しいレベルの試験であってもその関門を突破しなければなるまい。

その点、ＴＯＥＩＣという試験には、英検に比べてどういうメリットがあるのだろうか。

「英語脳」は可能か

そこで思い出すのが、巷の英会話学校やネイティブが書いた参考書、教材にある「英語脳」とか「英語で考えよう」という表現である。

筆者は脳科学の専門家ではないので断定は避けるが、こんなことがはたして可能であろうか。筆者の経験を話すと、外国語を一生懸命学習して（日本人に接触せずに）その国にしばらく住んでいると、挨拶や単純な言葉のやりとりは日本語を介さずできるようになる（というか、している）。

しかし、どんなに学習しても、難しい内容の会話となると、やはり一度日本語を介して「高速翻訳」している自分を見出《みいだ》すのである。

それでも人によっては、無意識のうちにある言語で思考し、その内容を発話でき、日本語を介した高速翻訳のプロセスを経ずに話すことができる状態になる、つまり「外国語脳」になることがある。これはある種のギアチェンジが行われているのだ。

もうだいぶ前のことだが、筆者の大学時代の同級生Cさんが、卒業と同時にメキシコに行って、5〜6年後に幼い娘を連れて一時帰国したことがあった。みんなでパーティをしていたとき、幼い娘が突然椅子から飛び降りてキャッキャッとはしゃぎながら走り始めたとき、Cさんは「アナ！　早くたべれもす！」と叫んだ。

彼女の口から出たこの「たべれもす」という言葉は、日本語の「食べる」に、スペイン語で勧誘形を意味する"-emos"という活用語尾をつけたものだ。本人の頭のなかで「早く食べましょうね」と言っているつもりだったのが、日本語とスペイン語が合体してしまったというわけだ（このような現象を「言語干渉」という）。

彼女の場合、周りに日本人がいなくて毎日スペイン語を話し続けているうちに半分「スペイン語脳」になりかかっていたのかもしれない。こうした現象は、半世紀以上前に中南米やブラジルに移住して、ほとんど日本語との接触を断たれた方々にときとして見られる。

筆者の経験では、レベルの高い交渉事などができる外国語を操るときには、外国語と日本語との間で高速で「口頭翻訳」を行っているのである。難易度の高い英語のコミュニケーションが無意識のうちにできるようになるなどという幻想は抱かないことだ。

つまり、日本に住んで周りが日本語で話している環境のなかで、「日本語脳」を捨てて「英語脳」を獲得するなどということはまず不可能なのである。また、そのことにどのような意味があるだろうと思わずにはいられない。

第3章　さまざまな分野でのＴＯＥＩＣの採用状況

大学入試への採用状況

ここのところ、大学、短期大学、高等専門学校の入試における英語の試験の代用として、また入学後の単位認定の要件として、ＴＯＥＩＣを活用する学校が増えている。

２０１６年秋、国際ビジネスコミュニケーション協会（ＩＩＢＣ）では、全国の大学・短期大学・高等専門学校における入学試験および単位認定でのＴＯＥＩＣの活用状況について調査を実施した。

それによると、各教育機関での活用状況は次ページの表のようになっている（ただし、原則、この調査は２０１６年10月・11月・12月時点の活用状況をまとめている）。

TOEICの入学試験・単位認定における活用状況（大学・短期大学・高等専門学校）

	大学	短期大学	高等専門学校	計
調査実施校数	751	321	57	1129
入学試験活用校数	427	106	47	580
単位認定活用校数	378	78	45	501

TOEICの入学試験における活用状況（大学院）

	大学	研究科
実施調査校数	76	588
入学試験活用校数	66	256

出典：IIBCサイト

活用するケースが相当数あることがわかる。

大学での単位認定への採用状況

今やＴＯＥＩＣは大学生の英語能力判定を目的として、広く採用されている。大学によっては、ＴＯＥＩＣで一定のスコアを取ると、授業を受けなくても英語の単位を与えている。

入試への導入は、一発入試型のセンター試験ではなく何度でもチャレンジできる資格試験を活用することで生徒の日常的な学習意欲を高める狙いがある、というのが文科省の言い分らしい。

大学院や専門職大学院でも、英語能力の判定のため、また卒業資格として、ＴＯＥＩＣの受験を義務づけているところも増えてきている。

あるビジネス系の大学院では、入試の際650点以上のTOEICのスコアをもっていれば、英語の試験が免除されるという。また、卒業に際しては、修士で730点以上、博士では860点以上のスコアを要求し、この要件を満たさないために卒業が見送られるケースもあるという。

だが、筆者の経験から言えば、たとえ900点を取っていても、例えば経済学の原書をある程度のスピードで正確に読める保証はまったくないし、逆にTOEICが600点でもそれができる学生もいる。こうした大学側の措置は、学生が本来必要としている英語力とTOEICの関係をまったく理解していないピント外れの措置と言わざるを得ない。

入試改革という名の責任放棄

最近何かと、2020年度から導入される大学入試改革が話題になっているが、コスト面での批判も多い。

英語の入試が、英検、TOEFL、IELTSなどの外部試験に移行するというので、高校からはそれに対応した授業をするようになるようだ。例えば、ある志望校に入るには、

TOEFL iBTのスコア80以上を目指して指導する、といった具合だ。

大阪の府立高校では、前知事の橋下《はしもと》徹氏が「TOEFL上位校に助成金を与える施策」を導入して話題になった（2012年5月11日「朝日新聞大阪府版」）。筆者は高校受験の英語の試験に外部試験を利用するなど馬鹿げていると思ったが、おそらくこうした流れはとめられまい。

そうなると、家庭の負担はますます大きくなる。英検ならまだ1回あたり5級の2000円から1級の8000円くらいの受験料だが、TOEFLなどは235USドル（約2万6000円）だし、IELTSも2万5000円ほどかかる。TEAP《ティープ》（日本英語検定協会）も4技能フルで受ければ1万5000円もかかり、これは馬鹿にならない。ほとんどの子どもたちは海外留学する予定などないのに、とんだとばっちりだろう。

大学入試に利用するのであれば、受験料の問題も見直さなければ、子どもをもつ家庭からの怨嗟《えんさ》の声はやまないだろう。「改革」の名に値しない手抜きの大学入試改革と言わざるを得ない。

小・中・高校の英語教師への採用状況

さらに、英語教師の能力判定にまでＴＯＥＩＣを利用しようとする、ゆゆしき話も出てきている。２０１５年1月には、和歌山県の教育委員会が、英語を担当する公立中学、高校の全教諭約３００人に、ＴＯＥＩＣを受験するよう求めるというニュースが流れた。この背後にも文科省の影がちらつく。

県教委学校指導課によると、国の方針で、英語の授業で英語によるコミュニケーションを導入せよとのお達しがあったとして、英語教員の指導力アップのため、ＴＯＥＩＣの受験料を県費でまかなうことにしたという。また、英語教員に4年間に一度ＴＯＥＩＣを受験させるほか、受験前に授業改善のための研修も4日間（計14時間）受けさせるという。

ちなみに、同課の調べでは、英検準1級か同水準の資格検定試験の点数を取得している県内の英語教員は中学で23％（全国平均28％）で全国36位。高校では36％（同53％）で全国44位と、教員自身の英語力向上が課題とされていたという。

中学校と高校の教員採用でも、神奈川県が英検1級やＴＯＥＩＣ７３０点以上の者に特別選考枠を設けるとしており、新潟県や長野県なども英検1級やＴＯＥＩＣ９４５点以上などで、一次試験を免除するなどの優遇措置を導入している。中学校や高校の英語教員にも「使える英語」が求められているようだ。

「使える英語」という表現を見ると何とも力が抜けるが、学校教科でのこの志向は、文科省の役人が自分の経験から安易に導入したとしか思えない不適切な施策である。

小学校まで英語力のある教員優遇

英語力のある人材を小学校教員として採用しようという動きまで出てきている。

２０２０年度から実施予定の小学校の次期学習指導要領では、高学年で英語が正式教科として採用され、現在高学年を対象としている「外国語活動」を３〜４年生から始めるとされている。だが、多くの小学校教員が英語の指導に自信がないという。

このため全国の47都道府県・20政令指定都市のうち53の教育委員会は、教員採用試験においても、英語力のある人材を優遇しようとしている。

具体的例を挙げると、広島県では、英検準１級以上などをもつ受験者に３００点満点中20点を加点することにしており、新潟県では、中学校や高校の英語教員免許を持つ小学校教員採用試験受験に10点を加点するなどとしている。

企業でのTOEIC採用状況

また、ここ数年来ビジネス界でも、採用や昇進の際に、TOEICで一定のスコアをとっていることをその要件にする企業が急速に増えてきている。

要求されているスコアは企業や職種によって異なるが、平均すると入社時点で730点あたりを要求する企業が多いようだ。当然のことながら、海外赴任を前提としている社員や海外との取引が多い部署の社員には、800点以上の高いスコアが求められている。

なかには、一定のスコアを取った社員に報奨金を支給する企業も出てきている。例えば、2013年1月には、ソフトバンクがTOEICで900点以上を取った社員に100万円の報奨金を支給する制度をスタートさせている。

また、楽天やファーストリテイリングは、2012年に、英語を社内公用語にしたことで話題を呼んだ。その後、2016年までに、アサヒビール、日立製作所、武田薬品など、かなりの数の企業が、導入方法は少しずつ異なるが、社内公用語化を進めている。

第4章　TOEICに関する受験者からの評価

筆者は、TOEICの良いと思われる点、悪いと思われる点について、周囲で英語に興味をもつ方々からアンケートをとって、忌憚のない意見を集めてみた。本章では、まずはあまり先入観というか固定観念ができないうちにそれらをご紹介したい。

筆者の知人は、語学のプロを目指している方が多いので、この本を手にとって読んでくださる方々よりも、やや英語力が高い方たちかもしれない。しかしそれだけ、ある程度英語をよく知っている受験者の目で評価してくれているとも思う。ポジティブな意見からネガティブな意見まで、賛否両論だったが、ややネガティブな意見が優勢のように感じた。

・大学院生Aさん（20代女性）

大学に小論文と面接だけで入学するための条件としてＴＯＥＩＣ受験が義務づけられていたので、このテストを何回か受けました。このときにたくさん英単語を覚えたのは今でも役に立っていると思いますが、コツを覚えれば誰でもある程度点数の取れるテストだとも思うので、英語の本当の実力を測るには適当ではないと思います。

「ＴＯＥＩＣの点数が高い人＝仕事で英語を使える人」というわけではないので、企業の雇用条件などにＴＯＥＩＣを入れるのもあまり意味がないような気がします。

・会社員Ｂさん（30代女性）

個人的には、ＴＯＥＩＣ自体はゲームみたいだと私は感じています。「英語力」を磨くというより「ＴＯＥＩＣ攻略」が目的になっていて、ＴＯＥＩＣのためのスキルや勉強法を追求するついでに、ビジネス英語の語彙力もついてくるというゲームのような感じがします。

また、ガイド試験の１次免除や今後大学入試の代替など、昨今はＴＯＥＩＣのスコア活用の流れがさらに強くなっている感じがします。ＴＯＥＩＣで測れる能力は限られているのに、「ＴＯＥＩＣのスコア＝英語力」と捉えるのは疑問です。高校生が大学入試のためにＴＯＥＩＣのあのビジネス英語を勉強することにも違和感があります。

・ＩＴ起業家Ｃさん（30代男性）

ＴＯＥＩＣの良いところとしては、就職、転職で、英検よりも評価されやすい点が挙げられます。それから、臨時報酬につながることがある点です（ＴＯＥＩＣで９００点取って勤務先から10万円を支給された友達がいました）。

ＴＯＥＩＣの点数が高いと、英語ができる人と勘違いされて、ちやほやされるというのもあります。ＴＯＥＩＣの良くないと思うところは、問題を解くのに複雑な思考を要求しないので、対策さえすればある程度の点数が取れてしまう点です。

・会社員Ｄさん（30代女性）

ＴＯＥＩＣの良い点は、年に何度も開催されるので、気軽に英語学習の成果を試せる場として使えるところです。スコアや開催日を基準に目標の設定もしやすいので、学習のモチベーション維持にもなっています。

悪い点と言えば、リスニング問題は内容があまり聞き取れてなくても、聞こえた単語と解答の選択肢から何となく選んだものが正解であることが多く、スコアと実力に乖離《かいり》があると感じます。

英語教育についてひとこと加えると、英語を手段として使う機会を中高生に提供する場をもっと増やしてほしいと思います。そして、英作文の授業をするなら、書いた文章の音読の指導（発音、アクセント）までをセットにすべきではないでしょうか。自分の考えた文章を暗唱できたらスピーキングの力もかなりつくのではないかと思います。

・会社員Eさん（40代男性）

過去、英検が優位だったときからすると、相対的に実用的な内容を測るひとつの試験としては意味があったと思いますが、現在の（特に就職、転職のために）求められる要件扱いについて、行き過ぎの感があります。

実際、語学運用能力があり実務を遂行できる人は試験対策をしなくても高得点を取れますが、ＴＯＥＩＣなどの高得点者でも、実際に実務で使える人はそれほど見かけません。テクニックである程度高得点は取れます。

また、文化や発想の違いや、置かれている状況（例えば、ビジネスでの交渉や文脈、手続き）などには興味が向かわない、また教える側もその点への考えやこだわりがなさそうな印象をもちます。身も蓋もないのですが、もともと言語を面白いと感じる人以外には外国語学習は時間、労力、コストが高くつく趣味に近いものと感じます。

•会社員Ｆさん（30代女性）

ＴＯＥＩＣの良いところはあまり思い浮かばないのですが、コロケーション（２１３ページ参照）を覚えるのにはよいかもしれません。良くないと思うところを列挙します。

１　急いで解かないと間に合わないので、本当に理解できているかわからない。
２　選択問題中心なので、真の実力を測れているとは言いがたい。
３　仕事での実用性につながらない。実際、仕事で英語を使っていて、「あ、これＴＯＥ

ＩＣに出た」と思ったことは一度もない。

４　試験問題を持ち帰れない。スコアだけ出ても何を間違えたかわからない。したがって、実力がわからないし、復習もできない。

５　いまだにかなりの企業がスコアを採用基準にしているが、やってみたい仕事でもスコアがないことで不採用の可能性があったりする。そのためにＴＯＥＩＣスコア獲得のためだけの学習を余儀なくされる。

６　攻略本などがあり、本当に英語を理解したうえで獲得できているスコアかという保証がない。ある友人に聞くと、長文など全部読まずに解くテクニックがあるという。

７　海外で通用しないので、海外で何かしたい人には無駄な努力になってしまう。

・教師Ｇさん（30代女性）

新卒で就職した際に受験しました。満点を取ったことはない（９３０点くらいでした）ので、何を偉そうにと言われてしまいそうですが、語彙も表現も、英検のようにイジワルなところがなく比較的平易で、普通に使うレベルだなあと思いました。ただ試験時間が長いので集中力が続かなくて途中で疲れてしまいました。全体的に、試験形式の癖というか性格をつかむのに多少準備が必要だったとしても、突然受けてもある程度の点数が取れる気がする、というのがＴＯＥＩＣに対する印象です。

ある程度英語に触れている人にはさして特別感がないような気がします。その点、英検はもっとマニアックで、「『薔薇』って漢字で書ける？」みたいな準備が必要というイメージです。

・実務翻訳家Ｈさん（40代女性）

リスニングは、私のように、留学経験がないうえに周囲に英語話者のいない環境の者には、英語（アメリカ英語の印象を受けた）のナチュラルスピードに近い会話に慣れた度合いを試す機会としては、かなり有益だったと思います。

ただ、前半と後半の出題（前半は日常のトピックに近く、後半はやや長めの日常・実務的会話）の形式・程度のギャップが大きく感じました。特に前半は、学生ならそういうものが必要な局面のほうが多いでしょうが、受験生の多くである20代の人が「男の子がバットを持っています」のような会話文を当ててスコアを獲得する必要があるのか、少々理解に苦しむ面がありました。

リーディングは、英検準1級と同等か、それより易しい印象をもちましたが、前半の穴埋め問題は、大学進学を目標とする高校英語の基本的な文法問題を突いてくるので、良いトレーニングにはなると思います。後半の、設問を読んで解答する問題も、テスト時間の後半で集中力が落ちてきたところに畳みかけてくるという点では、出題者の若干の意地悪さを感じますが、特に否定しません。

リスニング、リーディングのどちらのパートも、前半の出題が瞬発力、後半の出題がある程度の総合力を求められるので、試験のスタイルとしては悪くはないと思います。でも、コミュニケーションのための能力を測定するという目的があるからか、内容については散漫な印象を受けました。例えば大学以上の進学や、企業でビジネス面のキャリアアップを考えて英語の能力を伸ばしたい人にとっては、もう少しスキルの的が絞れたテストを受験したほうがいいのではないかと思います。

第5章　ＴＯＥＩＣについての考察

ＴＯＥＩＣ通の評価

筆者の良き仕事仲間のひとりで、医薬翻訳を専門にされている浜武氏は、以前外資系企業に勤務されていたときに、その語学力の優秀さを買われて、社内でＴＯＥＩＣ対策の英語指導もなさっていた。現状によく通じておられることから、特に詳しくインタビューさせていただいた。そのお話をここにまとめて紹介する。

前章のアンケートではＴＯＥＩＣに対してやや否定的な意見が優勢だったので、この試験を熟知する浜氏には、あえて良い点もフェアに挙げてもらった。

氏によれば、ＴＯＥＩＣには次のようなことが言えるという。

〔TOEICの良いところ〕

1　全国各地で手頃な受験料（税込5725円）で受験することができ、自身の英語力を手っ取り早く、ある程度客観的に確認し、学習目標を立てるのに有効である。

2　活用の仕方次第では、実務に必要な英語力の基礎を固めるのに有効である。

この点に関しては、少し詳しく説明する。

リスニング、リーディングとも、出題内容は通常の実務に必要な内容ばかりである。重箱の隅をつつくような難問・奇問が出題されるわけではなく、通常の実務で見たこともないような単語が出てくるわけでもない。活用の仕方次第では、実務に必要な英語力の基礎を無駄なく、効率的に高めるのに有効である。

例えば、リスニングの問題を解くだけでなく、リピーティングやシャドーイング（213ページ参照）の練習に活用するだけでも、基礎力の向上には有効である。

リスニングテストのパート3およびパート4の対策で、選択肢を効率的に先読みする練習を4週間ほど続けてみたことがあったが、リスニングのテストで満点を取れただけでなく、英文の速読力、情報処理力や集中力、瞬発力も向上した経験がある。

当然のことながら、実務には、これ以外に、業務に必要な専門知識・能力、交渉力、あるいは、通訳や翻訳などの能力が必要になるが、そのための英語力の基礎を固めるためには、無駄にはならないものと思う。

外資系企業勤務中に部下たちを指導した際の経験からすると、スコアと英語力の間には密接な関係が見られた。TOEICのスコアだけで英語の実務能力をすべて判断するのは無理としても、TOEICの出題内容程度は、海外との実務を円滑に行ううえでは必要だと思う。

浜氏のお話に戻ろう。

3　スコアだけでなく、オフィシャル・スコア・サーティフィケート（Official Score Certificate　公式認定証）の"ABILITIES MEASURED"（項目別正答率）を参照すれば、自分の弱点を把握し、対策を立てるのに有効である。

4　関連の教材（メソッド）や問題集が豊富に販売されているため、自分の実力に合った教材を選んで学習すれば、英語力を効率的に向上するうえで有用である。

5　スピーキングとライティングのテスト（TOEIC S&W）も活用すれば、スピーキングとライティングの能力を確認でき、そうした能力の向上も可能である。

〔TOEICの悪いところ〕

1　通常の実務一般に必要な基礎的な英語力を評価するのが目的なので、通訳や翻訳といった高度な英語力や、交渉力のような高度な英語運用能力を評価することは、当然のことながら、できない。

この点を勘違いしてTOEICのスコアだけで英語力を判断しようとしたり、逆にTOEICの欠点や弊害だけを指摘したりする方もいるので、客観的に評価をする必要があると筆者も感じる。

2　答案を持ち帰れないうえ、解答例もないので、どの問題を間違えたのかわからない。
3　特にリスニングのテストでは、選択肢をいかに先読みしておくかといった、小手先のテクニックだけでもスコアが大きく左右される。英語力というよりも、情報処理力や集中力・瞬発力をテストされているような印象も強い。
4　あまりにも多くの関連教材や問題集が販売されているため、自分に合った教材の選択がかえって困難である。
5　スピーキング・ライティングテストの会場が限られており（具体的には、北海道、宮城、東京、神奈川、千葉、埼玉、静岡、愛知、京都、大阪、兵庫、広島、福岡のみ）、地方での受験が困難である。また、受験料も税込1万260円と高額である。

浜氏の語ってくれた趣旨は以上のようなものだった。TOEICを熟知している氏の評価は正鵠《せいこく》を得たものと言えよう。筆者もおおむね氏の評価に賛同するものである。

こうして見てくると、結論としては、TOEICそのものが良い悪いというよりは、この試験を利用する側の態度に大きな問題がありそうだ。

TOEICによる英語力判定の限界

ＴＯＥＩＣの試験は、内容を見れば、誰にでもその弱点はすぐわかる。

つまり、このテストはリスニングとリーディングからなるテストなのだから、まず受験者のスピーキング能力を直接測ることはできない。また、リーディングは、リーディングといっても英語のまま理解するのであって、日本語に訳すわけではないので、「和訳の翻訳能力」はまったくわからないわけだ。

逆のことも言える。つまり、英作文能力に関してはほとんど評価できないことが明確にわかる。

まったくゼロの状態から単語を思い出し、選択し、文を組み立てる能力と、すでに用意されている英文から選択できる能力とは、天と地ほどのギャップがある。ＴＯＥＩＣは「予《あらかじ》め提示されている答を選ぶ方式の試験なのだから、作文能力をテストしていると言いながら、実際は語彙クイズ、語法クイズに過ぎない。

今や大手書店の英語参考書売り場に行くと、ひとつの棚がまるまるＴＯＥＩＣ本で占められていることは珍しくない。巨大なマーケットである。TOEICには夥《おびただ》しい数の攻略本があり、紙の書籍ばかりではなく、通信教育、オンライン授業、学習ソフトなどが大量に出回っている。

TOEICはその試験の性質上、コツに習熟すると実力以上のハイスコアが取れるので、こうした攻略本の需要はまったく衰えない。だから、現場で求められる英語運用力と実際の能力の間にかなりの乖離が生まれる場合が多々出てくるのは無理もない。

TOEICは「グローバル・スタンダード」か

TOEICは、全プログラムでは2016年度の時点で、150か国、年間700万人ほどが受験しており、日本では2016年度に271万人が受験している。TOEICは、これぞ英語力検定のグローバル・スタンダードと豪語しているが、はたしてどうだろうか。数字をよく見ると、150か国のうちのたった1か国の日本だけで、年間受験者の4割近い数字を占めていることがわかる。

実は、TOEICのことを少しでも知っている英語関係者の間では、「グローバル・スタンダードなんて嘘《うそ》。ＴＯＥＩＣなんて日本と韓国だけでしか知られていない」というのは定説になっている。

実際、日本、韓国以外では、ＴＯＥＩＣの知名度が高くない。考えてみると、そもそも成り立ちからして、この試験は日本人のために作られた試験なのだから、日本以外の国でほとんど知られていないのも当然と言える。

友人の英語専門家によると、本当にグローバルな分野で仕事をしたい方は、ＴＯＥＩＣより、ＴＯＥＦＬである程度スコアを残しているほうがまだ有利だという。

特にイギリスではほとんど信用されていないようで、２０１４年４月から、イギリスのビザ申請にあたってＴＯＥＩＣのスコアの使用が不可になった。これは、同年２月にロンドンで行われたＴＯＥＩＣの試験で、組織的な不正が発覚し、ビザを発給するイギリス内務省が、ＴＯＥＩＣとＴＯＥＦＬを運営しているＥＴＳとの契約を打ち切ったことによるものだ。これによりＴＯＥＦＬも不可になった。

金儲《かねもう》け主義なのか

ＴＯＥＩＣが金儲け主義だと非難する方がいるが、この点はどうだろうか。

筆者の同業者で翻訳家のＫさんは次のように言う。

「この試験は、対象とする範囲が広すぎて、最上級レベルと最低レベルの受験者の実力がわかりづらい。本来、５段階ぐらいにテストの内容を分けて出題すべきであるのに、一種類で済ませ、しかもコンピュータで採点しているので、ものすごく利益率は高い。それは英検と比較すればわかります」

また、大学で英語を教えている別の友人はこう言う。

「試験なんて、そもそも１回合格すれば終わりのはずなのに、点数アップのために複数回受けさせて受験料で儲けようとする。英語力がある一定レベルまで達したら、ほかのことに時間を割くべきだ、もっと大切なことがある、と常日頃から学生には講義や講演で言っています」

また、大企業の人事部を経て現在大手予備校で英語教師をしているある友人は、憤りをこめて手厳しく言う。

「TOEICが国際コミュニケーション力を測る試験だと思っている人なんてまだいるんですか。大学や企業が入学や就職などの際の条件にしているから、しぶしぶ受けている人がほとんどなんじゃないですかね。

TOEICで900点を取っていてもまったく話せない人が、僕の周りにはたくさんいますし、スコアが高いから英語でのコミュニケーション能力が高いなんてことはありません。『TOEICは世界へ踏み出す第一歩』なんてよく言っているけど、欧米じゃほとんど知られていないですよね。

そもそも、TOEICを最初に作ったのは日本の通産省(当時)と経団連で、英語ビジネスの既得権益を確保しようとしているだけじゃないでしょうか。最初は志高く、英検に代わるビジネス英語検定を目指していたのかもしれないけれど、今はもう金儲け主義。今度は大学のセンター試験での採用を狙っているんじゃないですか」

TOEIC凋落《ちょうらく》の兆しも

TOEICのスコアの高い方が必ずしも実社会での英語能力が高いとは言えない現実から、企業のなかにもTOEICの評価に疑問を持ち始めたところがあるようだ。

アフィリエイト関連事業に従事して転職エージェントの紹介もしている筆者の生徒のひとりS君によれば、これまでは登録した方のTOEICスコアによって、受け取る報酬が異なっていたという。

具体的には、TOEICのスコアが高く年収の多い方を登録させるほど、アフィリエイターへの報酬は高かったのだが（人によっては2万円以上）、最近はそれが一律2000円と低くなってしまったという。

S君は「企業が英語能力の評価にTOEICを参考にしなくなってきたのでしょう。今頃気づいたのか、という感じですけどね」と言う。

第6章　語学能力の分析

英語運用能力の種類

本書の冒頭で「英語ができる」とはどういうことかという問題を提起したが、本章ではこれを少し具体的に分析してみたい。

一般に、語学の能力は、聞く、話す、読む、書くの4つからなる、と言われる。この順番は、我々が生まれて言語能力を獲得する順番なので、「コミュニケーション能力」を重視する今日の外国語教育では、文科省がなるべくこの順番に習得させようとしているのがわかる（ちなみに、筆者は壮年者の学習者には、読む、書くを先にやる学習法を推奨している。この学習法に関しては第10章以下で詳述する）。

英語においては、スピーチレベルを示すのに、"informal"（略式）、"formal"（正式）、"professional"（専門）という語を用い、それぞれI、F、Pの略号で表す。

さてそこで、「英語ができる」ということについてだが、前述の4つの能力に関して、難易度を脇において、スピーチレベル別に考えると、次のように分類できる。

1　聞く

略式：親族、友達、子ども、親しい同僚の話を聞く、テレビドラマ、映画のセリフを聞く。

正式：目上の方や初めて会った方の話を聞く、テレビのニュースや駅のアナウンスなどを聞く。

専門：専門家、研究者の発表や話を聞く。

2　話す

略式：親族、友達、子ども、親しい同僚と話す。

正式：目上の方や初めて会った方と話す、学校の授業で話す。

専門：専門家、研究者との会議でディスカッションする。

3　読む

略式：非常に親しい方からのメール、コミックを読む。

正式：新聞、雑誌、メール、ネット記事、エッセイなどを読む。

専門：専門書、専門分野の論文、文学作品を読む。

4　書く

略式：メール、シナリオを書く。

正式：記事、エッセイ、コレポン（商業文）などを書く。

専門：論文、契約書を書く。

どうだろうか。一概に「英語ができる」と言っても、これだけ多様なスキルがあるのだということがおわかりいただけるだろう。

学習者が必要としている語学力

次に、前項の分類をもとに、学習者がどのような立場の方で、当面、あるいは最終的に、どのような英語のスキルを必要としているかを考えてみていただきたい。スピーチレベルと必要なスキルを、重要度に応じて濃淡で示した表にしてみた。

1　国内で働くビジネスピープルで、日常の業務で英米人と接触がなく、英語を読み書きする機会のない方の場合、教養目的でない限り、どの能力も別段必要がない。

	聞く	話す	読む	書く
略式				
正式				
専門				

2　国内で働くビジネスピープルで、日常の業務で英米人と接触がないが、英語の文献を

読んだり、論文、レポートの類を英語で書かなければならない方の場合、正式以上の読み書きの力が求められよう。

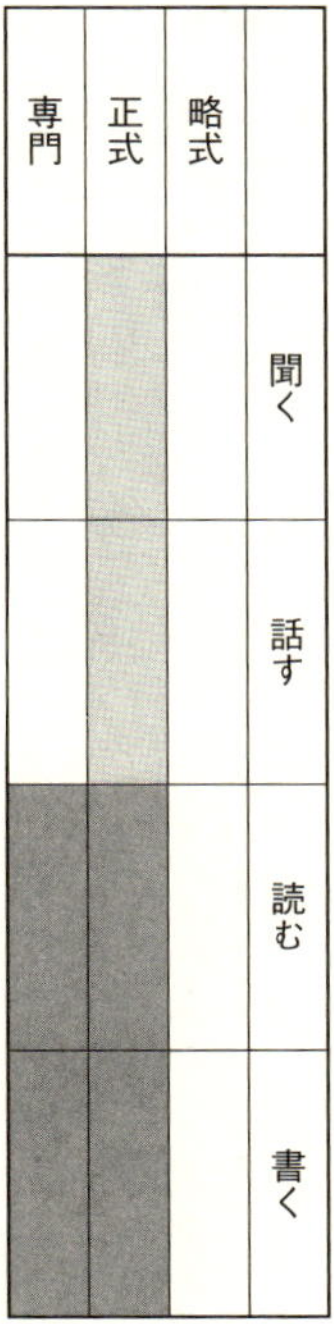

3　国内で働くビジネスピープルで、日常の業務で英米人または英語を話す外国人の社員やクライアントと接触があるものの、専門的な読み書きを必要としない部署の方なら、会話の能力と多少の読み書きの能力が求められよう。

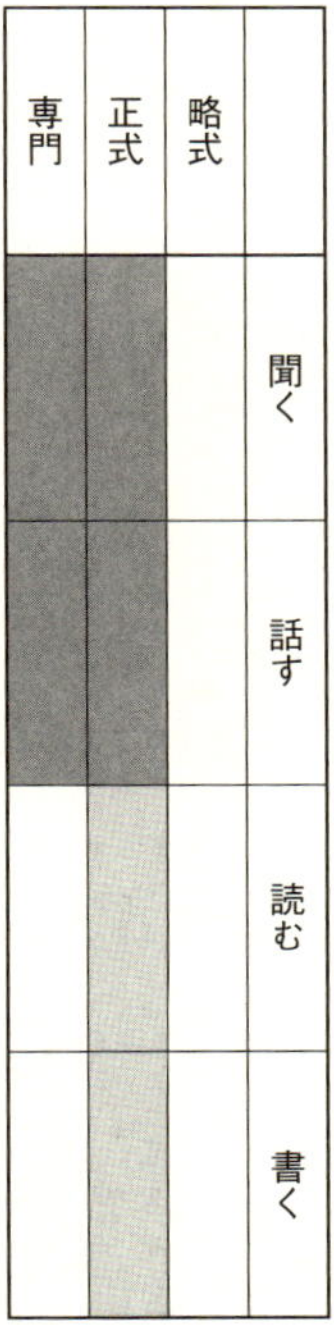

4　海外に住む方で、ビジネスをしない方は略式のレベルの会話能力も必要になる。

	聞く	話す	読む	書く
略式				
正式				
専門				

5　海外で働くビジネスピープルだが、専門的な知識を必要としない方なら会話力と読み書きの能力がある程度あればよいだろう。教養目的でない限り、どの能力もさほど高いレベルでは要求されないが、会話力、コミュニケーション能力がある程度あるほうが望ましいとは言える。

	聞く	話す	読む	書く
略式				
正式				
専門				

6　海外で働くビジネスピープルで、専門研究職にある方は、専門レベルのすべての語学能力が必要となろう。とりわけ、読み書きの高度な能力が求められる。

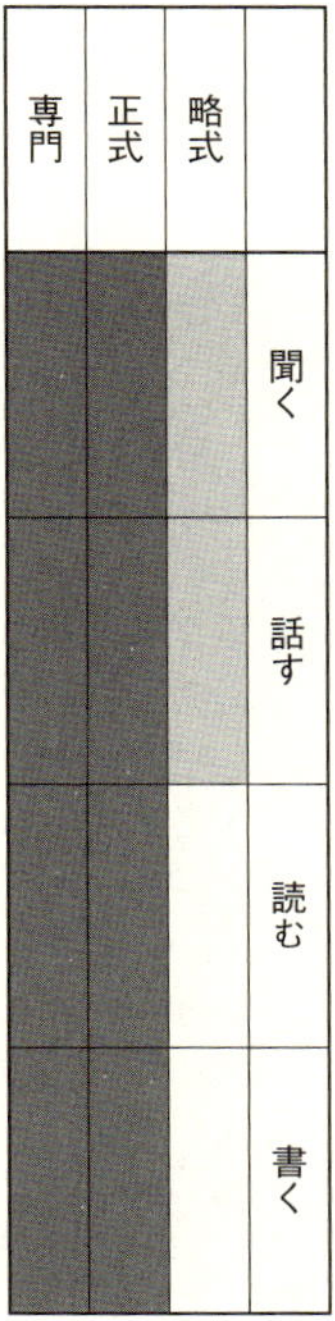

7　大学生は（少なくとも建前としては）原書講読能力がなくてはならない。

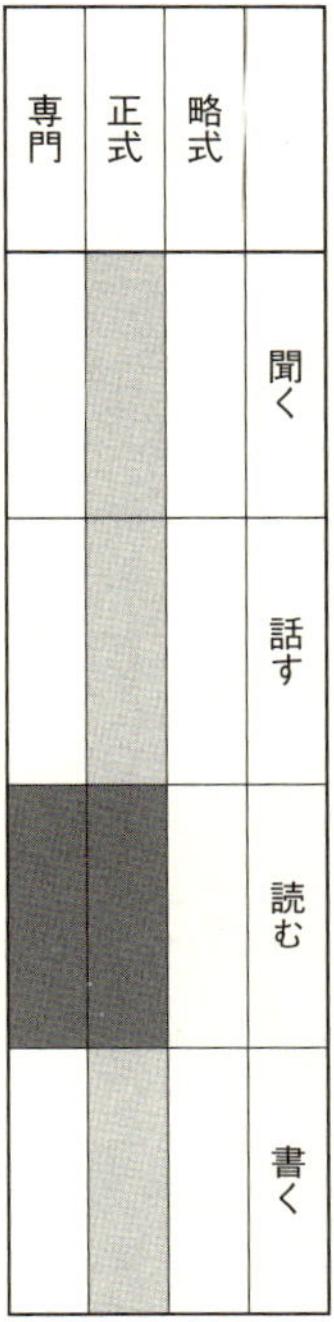

8　大学院生、研究者は、高度な原書講読能力に加えて、論文を書く力が重要である。

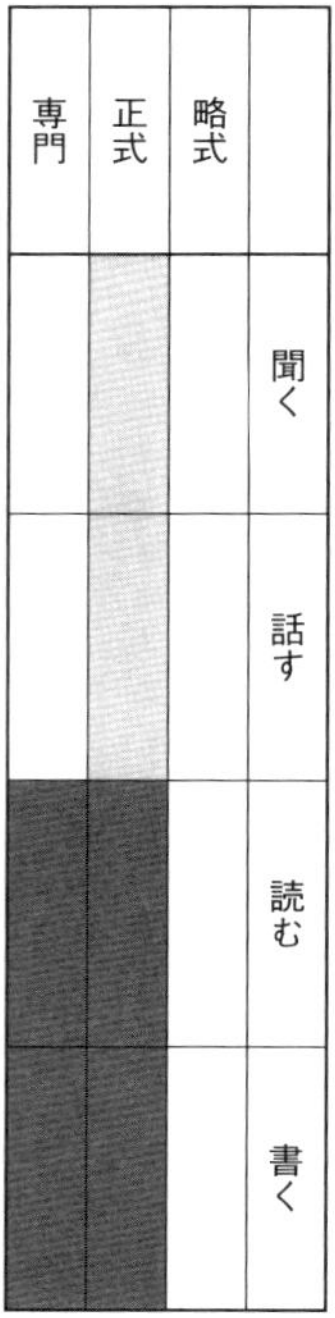

9　海外に留学する研究者は、総合的に専門レベルの高い語学力が求められる。

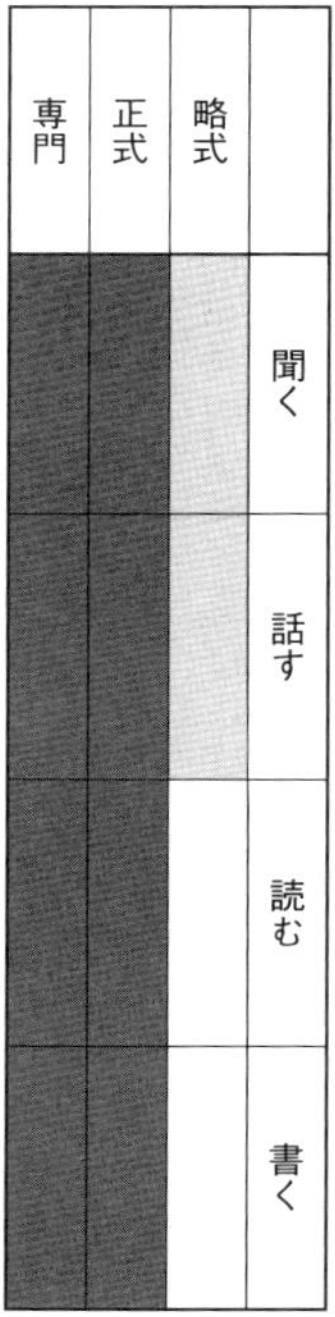

以上、見てくると、略式のレベルの英語力はなくてもほとんど困らないことがわかる。

野口悠紀雄《ゆきお》氏もその『「超」英語法』のなかで、「スラングは分からなくてもよい」と断言している。にもかかわらず、「生きた英語」などと言って、英会話学校でスラング（俗語）を習って喜んでいる方はいないだろうか。

まともなネイティブならば、正式な英語を話せないのに下品な俗語の英語ばかり達者な日本人がいたら、あまり尊敬しないということは、だれでも理解できると思う。

TOEICで測れる能力

さて、それではＴＯＥＩＣで測れる言語運用力はどの部分か、考えてみよう。すでに、この試験がどういう試験で、どのように出題されるかを見てきたので、みなさんでも左記の表を完成できるはずだ。

	聞く	話す	読む	書く
略式				
正式				
専門				

具体的にまとめると、次のような結論を導き出せる。

1　TOEICでは、略式の英語（ひらたく言えば俗語）の力は測れない。
2　TOEICでは、日本語への翻訳能力はまったく測れない。
3　TOEICでは、日本語からの英作文力はまったく測れない。
4　TOEICでは、自由作文力（最初から英語で書く作文）もほとんど測れない。
5　TOEICでは、実際の会話力はほとんど測れない。
6　TOEICでは、専門的なレベルの英語力はまったく測れない。

何のことはない。逆に、何が測れるのか、と問われれば、

7　TOEICを受ければ、正式なスピーチレベルのヒアリング、リーディングの力が「だいたい」測れる。

ということになる。つまり、英語の「運用力の基礎となる知識」を測ることはある程度できるが、「実際に運用できるかどうか」は測れないのである。とは言うものの、この試験のことを少し弁護すると、前章で浜氏が指摘しているように、TOEICでハイスコアを出した方でも、実際にはあまり話せないケースはありうるが、実際に上手に英語を話す力のある方はまずまずTOEICでハイスコアを取れる（ことが多い）、と言うことができる。

　そして、TOEIC　S&Wを受ければ、スピーキング、ライティングの能力もある程度測ることができる。

第7章　あなたが必要としている語学力とは

語学は必要なだけできればよい

筆者がひと昔前に京都を旅行した際、観光客でごったがえしているある通りで、品の良いご婦人が、通りかかる外国人観光客に向かって、「こんにちは、京都にようこそ。いろいろ素敵なお土産がありますよ、ちょっと見ていきませんか」という意味のことを、英語、中国語、韓国語、フランス語、ドイツ語など、数か国語で話しかけているのを見かけた。

これに似たことは海外でも見られる。友人から聞いた話だが、スイスの山岳リゾート地、インターラーケンのあるレストランでは8か国語でメニューを説明し、てきぱき注文をとっている女性従業員がいたという。

筆者はベルギーという国がお気に入りで、特にブリュージュという町によく行くのだが、そこで定宿にしているホテルのマダムも8か国語を駆使して他国から訪ねてくる宿泊客に対応している。このマダムの語学力は筆者が見る（聞く?）ところかなり本物で、おそらく現地でも相当な語学の達人と見なされていると思われる。

しかし最初の2例の女性たちの場合は、おそらく決まった表現を丸暗記しているのであって、本格的にどんな話題に関しても対応できる、というわけではあるまい。彼女たちは、仕事に必要な部分だけ覚えているということだろう。

よく語学はツールに過ぎないと言われるが、されどツールだ。実際の現場で求められる語学力という意味では、ふたりの女性の語学力は完璧と言える。

英語を学習する方、特にTOEICを受ける方たち、受けさせている方たちは、この原点に立ち返ってもう一度「何のための英語か」ということを考えてほしい。目的、目標がはっきりしない学習は身につきにくい。効率が悪いし、達成感も感じられないので、長続きしない。せっかく英語がある程度身についても、その楽しさ、喜びを感じられないのだ。これは実にもったいない。

小・中・高で学ぶべき英語

まず、小・中学校ぐらいの子どもの立場に立って考えてみよう。親が外国に関係した仕事をしているとか、特殊な環境に育った子でなければ、英語を使う仕事につきたいとか、外国へ行ってみたい、外国で暮らしてみたい、といった漠然とした憧れが英語の学習のモチベーションになるだろう。してみると、ほかの科目と少し異なり、教養的なイメージが強いかもしれない。

それが中学も後半になり、高校生ともなると、特別な目的をもった生徒以外にとっては、受験に成功するためという目的が主となる。こういう子どもたちにとって、本来学ぶべき英語とは、まさに伝統的な意味での「学校英語」、「受験英語」であるはずだった。しかし昨今のＴＯＥＩＣ採用の気運の高まりによって、そうでもなくなってきた。

子どもの立場を離れて客観的に見たとき、中学生は何のために英語を学習するのだろう。もしその子が、親の仕事の都合で外国に住むことになって、現地の学校やインターナショナルスクールのようなところに行くことになったら、インフォーマルな日常の英会話力も必要だ（もっともそういう英語はわざわざ学ばなくても、子どもたち同士で遊んだりしているうちに自然と身につくものだが）。しかしそうでもなければ、将来大学で専門教育を受けたり、国際社会で駆使するべきビジネス英語を獲得したりするための基礎力をつけるのが目的だと言えよう。

高校生が英語を学ぶ場合も、中学生が学ぶ英語と方向性は同じだが、本格的な学問研究やビジネスでハイレベルに使える英語の素地を身につけるのが、目的なはずだ。

特に、この時期は本来、作文能力を充実させるべき時期だが、現在の学校英語教育ではまったくと言っていいほど、作文の学習指導が行われていない。筆者は昨今の学生たちの英語能力の低下は、間違いなく作文能力の低下に原因があると見ている。

さらに、第3章でも紹介したように、小学生にも英語教育が導入されつつある。しかし、「小学生英語」は、差し迫っては必要なものではない。

もう何十年も前から大人たちがグローバル化の波が押し寄せていると騒ぎ立てて、ほとんど強迫観念のように子どもたちに英語を学ばせようとしているに過ぎない。

大学生に求められる原書講読能力

大学生に求められる英語能力とは「原書講読能力」に尽きるというのが筆者の持論だ。しかし、実態は惨憺《さんたん》たる状況で、今の英文科の大学生で、原書で文学作品を読んで卒業論文を書く学生など、極めて例外的であることは確かだ（そもそも卒論を課していない大学もあるぐらいだ）。

この考え方を古いとおっしゃる方はたくさんいるだろうことを筆者は百も承知で、そもそも論としてこのことを強く主張する。

もうだいぶ前のことだが、ロシア語学の碩学《せきがく》、東大名誉教授の佐藤純一先生が、何かの雑誌にコラムで、大学の語学教育は（それぞれの専攻分野の）原書講読だけでよいのではないか、という意味のことを書かれていて、大いに意を強くしたことを覚えている。

1990年前後のバブル経済末期の頃から、外国語教育の分野のみならず、文科省は、実学、実学と騒ぎ立て、旧態依然たる象牙の塔はもう古い、これからは実社会に出てすぐに役立つ学問を教えるべきだ、と方向転換した。

外国語教育もそのあおりを受け、ちょっとくらい読み書きの能力は落ちてもいいから、それより外国人とコミュニケーションできるようになる指導をしよう、ということになった。

しかし、これは大学でする学問ではない。学生が大学のアカデミックな生活のなかで英会話能力を必要と感じるならば、英会話学校に行けばよいのだ。

日常の英会話というものは、ハイレベルな講読能力、作文能力をつけるための血のにじむような研鑽《けんさん》の努力に比べればたいした労力は必要ないのである。読み書き文法がしっかりできている大学生なら、外国の大学に留学すれば（あるいは、国内の良い会話学校で集中的に学べば）、半年で会話力は格段に上達する。

このことはかつて会話ができなくてコンプレックスを抱いていた筆者自身が体験したことなので断言できる。いつまでも会話ができるようにならないという方は、文法をしっかり学んでいない、語彙力が足りない、そして何よりも学習時間が少なすぎるのがその原因だ。

志ある良心的な大学の先生方もたくさんいるはずなのだが、何しろ猫の目行政の文科省が大学に対して間違いだらけの「お達し」を連発し、交付金を「人質」にして天下りを止《や》めないものだから、大学としても改革したくても思うようにできないのだ。

実際、大学院時代の筆者の同級生は何人かが大学の教授になっているが、会うたびに聞かされるのは「猪浦さん、もう今の大学は崩壊しているのですよ」という言葉だ。

この点に関しては、心ある大学経営者に対して同情するものだし、文科省に対して憤りを禁じ得ない。

大学院生、研究者に求められる原書講読能力と論文記述力

大学を終え、さらに高等教育を受け、研究職を目指す方々、特に理系の研究者にとっては、原書講読能力に加えて論文を書く力が求められる。

この分野でも若い学者たちの言語能力は低くなってきていると言われている。数学者の藤原正彦氏は、ある週刊誌のコラムで、数学は国語力だ、国語力が低い方は絶対大成しない、という意味のことを述べていた。氏はその著書『祖国とは国語』において、繰り返し国語の重要性、安易な英語教育の危険性を説いている。

２０００年以降の文科省による「ゆとり教育」以後の英語教育が失敗している証拠のひとつとして、英語学習者の講読能力、特に作文能力の絶望的なほどの低下が挙げられるが、それも無理はない。

学校のテストや大学入試で、まとまった量の日本語を英語に訳せ、というタイプの問題がすっかり影を潜めてしまっている。筆者が大学受験した頃の東大の入試問題には、「朝日新聞」の天声人語の一節が出題されていた。当時の秀才は、辞書、参考書持ち込みなしでこれが英訳できたのだから、大変な作文能力である。

実際、こんにち学生たちが使っている参考書に比べて、当時の英語参考書のほうが（もちろん使用されている語彙など多少古くなっている点はあるが）はるかにレベルが高く、「禁欲的」である。

禁欲的と言ったのは、昔のことだからということもあるだろうが、粗末な紙に活字だけ、それも余計なことはひとことも書いておらず、学生に「媚《こ》びた」ところはいささかもない。

そこへいくと、最近の参考書を見てみると、良質な紙、豪華絢爛《ごうかけんらん》のカラーでイラストあり写真ありで、スペースもたっぷり活字も大きい。内容を評価して買うというより、難しくなさそうで見栄えの良い本を競っているかのごとくである。

筆者は、亡くなった叔父から譲られた古い英語参考書（昭和31年刊）を持っているが、そこには専門書顔負けの記述がしばしば見られる。例えば、仮定法現在の代用として用いられる“may”の用法の見事な分類、“would do”の語形が直説法過去、仮定法過去、条件法現在の3つの流れが合流した語形であることなど、有名進学校で高校の英語教師（決してレベルの低い教師ではない）をしている友人ですら、初めて聞いたと言っていた。

その高校教師の友人に聞いたところでは、現在では、そもそも現場の英語教師の多くが天声人語の英訳などできないし、ましてや添削などできない、という。

ビジネスピープルに求められるのはまず読解力と作文力

ビジネスピープルにとって究極的に必要なのは、文章を読む力とビジネスレターやメールを書く力に尽きるというのが、筆者の考えである。

読者諸氏のもつビジネスピープルの語学力に対するイメージは、外国人クライアントとスムーズにコミュニケーションしている姿ではないかと思うが、実際には、日本のビジネスパーソンの大半にそうした能力は不要なのである。

元マイクロソフト社長の成毛眞《なるけ》氏が、著書『日本人の9割に英語はいらない』でそのことを説明している。当然、反論もあろうかと想像するので、筆者からこの意図について少し説明してみる。

この著書で成毛氏が言っている「9割」のビジネスパーソンは、外国の企業とコンタクトのない会社や部署で働いている方たちだ。このような方たちの場合、仮にその部署に英米人の研修生《トレイニー》が入ってきたとしても、この英米人社員のほうが日本語を学習してくるはずなので、日本人社員が英語を話す必要はないのである。

また、外国人社員が何人かいる会社であっても、その企業が英語を社内公用語にしている「変な」企業でない限り、日本人社員が英語を話すことは義務づけられていない。

このタイプの「変な」企業として有名なのは前述したが、楽天とファーストリテイリングだ。最初にニュースを聞いたときは何と嘆かわしい限りだと思ったが、筆者はこのことについてはわりあい楽観的に見ていた。

というのは、社長の号令一下、社員がみなペラペラになれるほど、英語は習得が容易な言語ではないからだ。実際、最近の報告によると、両社とも英語の使用規定が弾力的に運用されてきているという。

怖いのはむしろ、うわべだけペラペラになったと勘違いした経営者や社員が、本業のグローバルビジネスにおいて、交渉力に長《た》けた外国企業にコテンパンにやられて、せっかく素晴らしい技術や品質の高さを誇る大事な企業の経営を危うくする事態だ。

この問題については、渡部《わたなべ》昇一『英語の早期教育・社内公用語は百害あって一利なし』においても理路整然とその不適切さが説かれている。筆者は基本的に、英語は、しっかりした目的をもった方や絶対的な必要性に迫られている方、エリートを目指す一部の方が猛烈に学習して習得すればよいものだと考えている。

経団連や企業経営者たちは、シンガポールやインドなどの例を引き合いに出して日本がグローバル化に後れをとっていると言うが、20世紀後半もっとも目覚ましい経済発展を遂げたのは、英語が一番下手だった日本ではなかったか。英語が一番うまい国であるイギリスはどれだけのグローバル企業を育ててきているか考えてみるがよい。

英語の重要性を否定するものではないが、高い教育水準と倫理観をもった質の高い労働者や、彼らに支えられてきた技術革新の力のほうが絶対に重要である。

前述した藤原正彦氏は『祖国とは国語』で、「英語やパソコンが多少ぎこちなくとも、文学、歴史、哲学、芸術そして日本人としての情緒などを身につけた者こそが、世界で活躍するために必須の、大局的判断力を備えることができる。そんな政治家、官僚、ビジネスマンこそが、混迷の日本が今もっとも必要とする人々なのである」と述べている。

海外で研究や仕事をする方は読み書きプラス会話力

海外の大学に留学する方、海外の企業で仕事に従事する方と、海外赴任するビジネスピープルに必要な語学力とはどのようなものだろうか。言うまでもなく、このケースにいたって、日常生活で用いる会話力が必要になる。

しかしその前に、通常の大学生は、ビジネスピープル以上の読み書きの力が必要だ。

そのうえでの会話能力だが、最初は巷の英語や俗語は覚える必要はない。このようなくだけた会話の力は現地に住んで、仕事を離れた場で自然に身につくものであり、仮に身につかなくても生活上大きな支障はない。

それより重要なのは、序章でも述べたように、専門分野の研究やビジネスの現場で必要とされる語彙力、ディベート能力なのである。

留学生や海外の企業で働く方は、どのみち留学先の大学で学位を取得したり、企業から現地の大学でMBAをとることなどを要求される。そのため高度な英語力を膨大な時間をかけて習得する必要があるのだが、このときにものを言うのはやはり、日本でどれだけしっかり読み書き文法の力をつけてきたかである。

結局ハイレベルな会話能力というのは、背景にどれだけの読書量と語彙力、論理的思考能力があるかで決まるのであり、これらの基礎がない方が現地でいかに揉まれても正しい英語が使えなくて、教養のレベルを疑われるだけである。それはそのまま、研究者、ビジネスピープルとしての力量として評価されてしまう。

海外生活者に必要なのは会話力だが……

研究やビジネスとは無縁で海外に住むことになった方もいるであろう。主として、国際結婚や退職後の一時移住などが考えられるが、こうした方の場合は、研究職の方とは逆に会話能力、すなわち、スタンダードな会話能力プラス巷で話す（場合によっては俗語を含む）いわゆる「インフォーマルな」日常会話力が必要になる。

しかし、スタンダードな会話力プラス専門会話力の場合と異なって、くだけたインフォーマルな会話能力というのは、身につけないと生活に大きな支障が生ずるというわけではない。強いて言えば、現地の方たちの気さくな雰囲気のなかに入っていきにくいというだけである。スタンダードな会話力があれば、コミュニケーション的には重大な問題は起こらない。

そもそも日常会話というものは、あらたまって「学ぶ」ものではなく、現地の方々と交流するなかで自然と身についていくものなので、外国に渡る前に深刻に対策などを考えなくてよい。それと、会話に必要な英語は、地域や宗教、社会階層、性別、年代などにより極めて多様なものなので、準備のしようもないのである。

ただ、口語表現にはなかなか味のあるものが多いので、特に将来の仕事として通訳や翻訳などに興味のある方は体系的に学習し、その知識をストックする手立てを考えておくとよいだろう。

また、研究や仕事をしない方でも、バックグラウンドとして読み書きの力や語彙力が豊富で文化、教養の深い方ほど、現地の方に尊敬されるし、それだけ良い人脈を形成できることは言うまでもない。そのことは肝に銘じておきたい。

一般の方が必要としている英語とは何か

最後に一般の方々はどのような英語を必要としているだろうか。あっさり言ってしまえば、別に英語は必要ない。

現在の日本では別に英語ができなくても生活に困ることはない。自らの人生、生活において英語を必要と感じず、英語を学習する気が起こらない方は、無理に学習しなくてよいと思う。筆者はそういう方々を決して卑下しているわけではない。

しかし、当面英語の必要性を感じない方でも、内心「ちょっと話せたらいいな」とか、「話せなくてもいいけど、アガサ・クリスティの原書を読んでみたいな」とか、思うことはあるだろうし、たまたま出会った外国人との交流のなかで突然「やってみようか」と思うこともあるだろう。

このような方はぜひそのきっかけを大事にしていただきたい。第13章で述べるように、英語は壮年期になってからでも学習を始めるに遅いということはないので、そのときには、昔の学校英語のいやな思い出を払拭して、楽しく効果的な方法で学習してほしい。学び始めて、自分の英語が外国人に通じたりすると、がぜん興味がもてるようになってくるはずである。

また、本当は英語などやりたくないが、会社からやれと言われたとか、TOEICの点が向上すると昇給するとか、消極的な理由で英語の学習にとりかかる方もあるかもしれない。こういう方は、どうせやると決めたなら、学習に割いた時間分だけは元をとってやるというぐらいの欲をもって、一念発起してポジティブな気持ちになってみてほしい。そして、筆者が第2部でご紹介する「正しい学習方法」というものを参考にしていただき、自分で楽しいと思える方法で学習しなおしてほしい。

第8章　TOEICとどうかかわるべきか
――学生&保護者への提言

TOEICに振り回されるな

日常会話というものは文法的に正確に話しているわけではない。最近のテレビのアナウンサーやコメンテーターの日本語を書き起こして読んでみるがよい。「私としましては～すべきです」などと、主語と述語が合っていない発話など、日常茶飯事である。

一方、ビジネス会話はやはり論理的に話す必要があるが、英語でのビジネス・トークや科学者たちの学術トークは、普段から読み書きをしっかり学習している方にとっては、意外と容易なのだ。

英語の場合、受験参考書、実用的な学習参考書などを中心として、数え切れないほどの「英語専門家」による、数え切れないほどの書籍が市場に氾濫している。

こうした市場では、小手先の「王道」ばかりが追求され、本来それほど身構えてする必要のない語学の学習に不必要な（過剰な）情報を与え、学習者をますます混乱させている。

第4章のアンケートの意見を見てもわかるように、特別な準備をしなくても、普通に基本から英語を地道に学んできた方にとって、TOEICは決して難しい試験ではない。ヒアリングのスコアが少しぐらい低くても、そのことに一喜一憂するのは馬鹿げている。何よりも大事なのは、仕事や研究の現場で困らない語学力をつけることであって、そういう力は対策本をいくらやっても身につくことはない。そのような時間があったら、ビジネス用語や自らの専門分野のテクニカルタームを覚えておくほうがはるかに有用である。

TOEICの対策本で勉強するな

近年の日本では、何事も「重厚長大」なものが疎まれ、手っ取り早くその場しのぎの安易な問題解決を図ろうとする傾向が見られる。TOEICでハイスコアを出そうとする方も例外ではない。

特に、本来英語が好きなわけではなく、仕事上有利だからなど、消極的な理由で学習するタイプの方は、ついついＴＯＥＩＣ専用の参考書や攻略本を利用しがちだ。しかし、筆者に言わせれば、このような学習法は結局のところ遠回りである。

では、どういう学習方法がよいか。筆者がお勧めしたい学習法を提案しよう。

1　もしまだ持っていれば、中学英語のテキストを（できれば音声教材の発音、イントネーションをまねしながら）よく音読し、暗記する。

2　会話力の習得にもっとも効果的な学習法については、次の方法を勧めたい。

a　学校の教科書に出てくる文型と名詞句の組み立て方を徹底的に理解し、練習する。

例を言うと、文型は５つあり、それぞれに下位区分がある。

名詞句の組み立て方で言えば、

①　名詞の前に置かれる要素には、冠詞、指示形容詞、数詞、所有格代名詞、形容詞、単独の分詞、名詞などがあり、

② 名詞の後方から名詞を修飾する要素としては、一部の特殊な形容詞、副詞（216ページ参照）、前置詞句、分詞句、to 不定詞、関係節、同格節がある。

これらが駆使できなければ「文法的な（＝文法的に正しい）」英文は構成できない。

b 英語で相当な会話力をつけたい場合は、高校英語の教科書またはそのレベルの良質なビジネス会話本などのテキストをよく読み込んで（模範音声を模倣しながらの音読が望ましい）、できれば全部暗唱できるまで聞き込む。

c この後に、自分の属する業界（研究者だったら専門分野）の用語やよく出てくる動詞、コロケーションを集中的に覚えると、ほとんど会話には困らなくなる。

この学習法の問題に関しては、第2部で改めて詳述することにする。

英語学習に必要な「考える力」

大前研一氏は、21世紀のグローバルビジネスで活躍するビジネスピープルにとって、英語力、IT、ロジックの力が三種の神器だと主張されている。このうち最後の「ロジックの力」は、語学学習についても不可欠な能力である。これを少し具体的に説明してみたい。

例えば、フランス人やドイツ人のように同じ西欧の言語を使っている国民に英語を教えようということなら、多少の文法的ミスに目をつぶって会話力をつけさせよう、という指導方法は可能であろう。なぜならば、同じ西洋語間では「逐語訳」に近い作業をすればよいからだ。

例えば、“Ce logiciel est disponible dans le marché.”というフランス語は一語ずつ英語に置き換えていけば“This software is available on the market.”という英語になるし、スペイン語でも“Este software es disponible en el mercado.”と単語を差し替えるだけだ。

しかし、再三言うように、日本という国、日本人の思考プロセス、日本語の背景にある文化は、欧米のそれとはあまりにもかけ離れているため、彼らが英語を学ぶ場合とはまったく事情が異なってくる。この文章は自然な日本語にすれば「このソフトは市販されています」になろうが、この日本語を英語にしようと思ったら、「このソフトは市場で入手可能です」と、いったん英語的論理の日本語に変換するロジックの力が必要なのである。この変換ができないと、あるレベル以上の英語は操れないのだ。

ロジックの力を理解してもらうために、具体例を挙げることにする。
最初は簡単な例だが、次を見ていただきたい。

1　猫は動物だ。　The cat is an animal. /A cat is …… / Cats are ……も可能
2　マイクは私の長男だ。Mike is my firstborn（oldest）son.
3　父は健康だ。　My father is healthy.
4　明日は学校だ。　Tomorrow is（the day when I will go to）school.

この4つの文章は見た目では同じ文型をとっている。しかし、それぞれに英語的な論理に置き換えて文章にしなければ通じない（あるいは、誤解される、あるいは文法的に誤った）英文になってしまうのはおわかりだろうか。

答を書いたが、1と2は文型としては"This is a pen."型でよいが、1の「猫」は「動物と呼ばれうる集合体のひとつ」なのに対して、「マイク」と「私の長男」は同一物なので、冠詞の取り方が異なってくる。しかし、「動物」も「長男」も名詞であり、文要素と

しては「補語」と定義されるものである。

ところが、3の文章では、「父」＝「健康」という概念、ではない。日本語では「健康」は名詞に見えるが、英語の論理では「健康だ」全体で形容詞と考えるのである。「だ」を繋辞動詞《けいじ》（＝be動詞のようなタイプの動詞）と考えるならば、「健康」は、名詞と同形の形容詞と解釈する。つまり、この文は、日本語を補って表現するとすれば、「父は健康（な状態）だ」ということなのである。

4も、「明日」＝「学校」ではない。ここには、日本語独特の省略語法が隠れている。つまり、英米人の論理に照らして正確に表現すれば、「明日は、学校（のある日）だ」ということになるわけだ。

もうひとつ例を挙げよう。

1　この映画は退屈だ。　This movie is boring.

2　今僕は退屈だ。　Now I am bored.

このふたつの文章の「退屈だ」は、英語で表現するとき、頭のなかで英語的な論理に一度直して表現しなければならない。これらを英語にするとき、ベースになる語は動詞の"bore"で、この動詞の意味は「退屈させる」である。

したがって、1は「退屈させるような（性質をもった）」という意味なので"boring"とし、2は「退屈させられている（状態の）」なので"bored"にする必要があるわけだ。

すでに相当の実力をもった英語学習者にとって、この問題のロジックを理解することは「常識的、当たり前」と思えるかもしれない。しかし、そういう方たちでも、長年の学習を通じてこの"boring / bored"という語を耳にし、経験として覚えているからできるのかもしれない。普遍的セオリーを自分のなかで確立しているかどうかはわからない。

例えば、"This movie is boring. / Now I am bored."と書けた方でも、"disappoint"という動詞の態（214ページ参照）の「向き」（つまり、「がっかりさせる」か「がっかりする」なのか）を知らなかったら、「君の仕事にはがっかりだ」と「阪神が負けてがっかりだ」という日本語を、自信をもって英語に訳し分けられるとは限らないのである。

脱暗記科目化

もし英語教師が、言語学の成果をおおいに採り入れて、生徒たちに「科学的で効率の良いメソッド」を応用して教えるならば、学習者にとって次のようなことが可能になる。

1　発音が正しく学べ、自己矯正できる。日本語の発音も改善できる。
2　アメリカ人、イギリス人をはじめ、世界の国々の方が話す英語をまねできる。したがって、国別、地域別のさまざまな国の方の英語を聞き取りやすくもなる。
3　世界のいろいろな国の方が話すクセのある日本語をモノマネできる。
4　自分で正しい発音をすることで、ヒアリング能力、リスニング能力が飛躍的に高まる。
5　語形変化を効率よく覚えられる。
6　単語の意味を深く理解できるようになる。
7　単語の意味合いに対する感性が鋭くなる。
8　文の分析方法を知ることで誤訳が減る。理解できない場合は自身でそれを自覚できる。

9　アスペクト（211ページ参照）、態、再帰動詞（213ページ参照）、法など、通常学校文法で学ばない事項を少し掘り下げて学ぶだけで、難易度の高い訳読、特に作文をするときに、解決策を知ることができる。

10　作文をするときと会話をするときでスピーチレベルを使い分けられる。

11　語学能力のレベルを自己判定できる。

12　背景にある文化、社会についての知識、また、異文化間で起こる問題についての理解が深まる。

13　外国語の表現形式を日本語のそれと比較して分析し、背景にある文化的な差異を的確にとらえることができる。これは、実際のコミュニケーション上、非常に重要な問題である。

14　フランス語、ドイツ語などの欧州系の第二外国語を短時間で習得できる。

丸暗記学習法から脱却することで、結果的に、大変効率のよい方法でゴールを目指せることがおわかりいただけよう。

考える英語学習法

脱暗記科目化の例をひとつ挙げよう。

「彼が4人のうちで一番背が高い」という日本語を英語で言ってみてほしい。中学1年レベルの文章であるが、筆者が「やりなおし英語」を教えるときに、非常に正答率が低い問題だ。"He is the tallest ..." までは出てくると思うが、問題は「4人のうちで」である。

筆者が確認する「ポイント」は次のような点である。

1　比較範囲を表す前置詞は "in" と "of" があるが、前者は「会社、クラス、チーム」のような比較の対象となる語が含まれる団体名、したがって単数名詞。後者は「複数の比較要素」がダイレクトに表される場合で、したがって必ず複数名詞。

2　"of" を使う場合は、原則 "among" でも置き換え可能だが "of" を使っておいたほうが無難である。さらにまれに "between" を使える場合もあるが、まねしないほうがよい。

3　いずれの場合も名詞は「定概念形」になる。具体的には定冠詞またはそれが含まれると考えられる語（指示形容詞または代名詞）の、代名詞所有格つきの名詞になる。

4　固有名詞はそれ自体で「定概念」なので定冠詞がつかないことがありうる。

5　全集合を表す語（例えば“all”など）も定冠詞がつかない。

これらのセオリーがわかっていれば、前記の「4人のうちで」は“of the four (persons)”と、絶対正解できるのである。正解は“He is the tallest of the four.”となる。

もうひとつ例を挙げる。昔の英語の教科書に不平を言う方は、よく「“This is a pen.”なんて、見ればわかるんだから、一生使うことはない英語だ。もっと役に立つ英文を教えるべきだ」と言う。

“This is a pen.”や“I have a book.”のような英文が役に立たないと考えている文科省のお役人が、役に立つ英語ということで、英語の教科書の初めに“For here or to go?”みたいな変則的な英文を載せたがるのであろう。

だが、筆者に言わせれば、“This is a pen.”の文型は応用すればいくらでも使い道があるどころか、使いこなすことが必須と言える文型である。もっと言わせてもらえば、実は非常に奥の深い文型である。

“This is a pen.”をくだらない文型だと思っている方々に問いたい。では、次の日本語は英語ではどのように表現されるだろう。そして異なる語形がどうしてそうなるかについて答えられるだろうか。

1　これはペンです。
2　これは油です。
3　あれは月です。
4　これはイヤリングです。

勘の良い方ならすぐおわかりだろうが、1、2、3は名詞の性格を考えて、“a pen”“oil”“the moon”と定冠詞または不定冠詞をつけたり、無冠詞にしなければならないものだ。複数を表す義務的な表現をもたない日本語では「これ」と言う場合でも、4の「イヤリング」のように、英語で双数（214ページ参照）扱いの名詞ならば、“this is”は“these are”に代えなければならない。

また、似たような文型でも“This is my pen.”と言った場合、状況によっては「これ僕のペンだからね」とか、あるいはイントネーションによっては「このペン、勝手に使わないでね」という強い言外の含み（connotation）を感じ取らなければならないのだ。

日本語の文章体では、補語の位置に形容詞が来ると「これは安い」などと、「です」をつけなくてよいが、英語では“This cheap.”では文章にならない。

こうしたことを考えながら正しい英文を組み立てる練習が「脱丸暗記」メソッドなのだ。

早期英語教育、バイリンガル教育に対する親の幻想

文科省は小学校における英語教育導入に熱心だが、同じように世の親の多くも、子どもに幼児期から英語を習いにいかせてバイリンガルに育てたいという希望をもっているようだ。

この問題に関しては、日本企業の海外進出が相次いだ80年代の帰国子女がすでに壮年期

になりつつある現在、親子ともども大きな問題を抱えてきた経験がいくつかの著書で報告されている。

なかでも、市川力《ちから》氏の『英語を子どもに教えるな』では、海外に長期間住むだけで英語がペラペラになるわけではない現実、親が子どもに対して抱くバイリンガル幻想、子どもに対する英語教育のいくつもの問題点、そして、グローバル化のために本当に「英語」が不可欠なのか、を問いかけている。

国際結婚によって両親が異なる母語を話している場合や、親の長期の赴任などの理由で、「自然と」バイリンガルになるケースは別として、日本国内にいながらわざわざ子どもをバイリンガルにしようとする親が多いのには首をかしげる。

しかも、外国に暮らしている場合であっても、両親でどちらの言語を主として教えるかをきちんと決めておき、本人にもそのことをしっかり自覚させておかないと、日本語も英語も両方とも、社会人として問題を生じるレベルになってしまう。

バトラー後藤裕子氏の『英語学習は早いほど良いのか』でも、そうした問題を提起している。そのなかで、バイリンガル教育を安易に考えている親たちに、語学教育は早いほどよいという俗説に学問的な裏付けはないということを指摘して、次のような問題点を挙げている。

- 言語習得のための分析をしていない。会話ができればよいのか、読み書きの力、語彙数など、習得分野とそのレベル、質をよく考慮すべきである。
- これまでのさまざまな研究で、第二言語、外国語の教育開始は早いほどよいという結果が出ているわけではない（この問題に関しては、第13章で検討する）。
- 子どもによって他言語への適性が異なる。向き不向き、得意不得意の傾向を考慮する必要がある。
- モチベーションや学習者の意欲が習得度に大きく影響する。

子どもに対するバイリンガル教育は、親のアングロサクソン・コンプレックスと欧米文化に対する憧れが背景にあるように感じる。それと並行して、団塊世代から続く、日本という国、日本語を含む日本の伝統文化の軽視、無関心にその根本原因がある。

我が国の言語教育は劣化しきっている。これは何も言語教育だけではない。筆者の周囲の理系の教育者たちも同じ意見である。その大きな責任は、教育者たる先生方より、文科省や親たちを含む一般国民が負うべきものだ。その立てなおしの第一歩は、小学校への英語教育導入などではなく、国語教育の根本的改革にあると信じる。

第9章　ＴＯＥＩＣは日本を三流国にする

――文科省と企業への提言

国語教育の貧困

英語学習熱は過熱する一方である。しかし、ＴＯＥＩＣをはじめ、数多く存在する資格・検定試験を吟味し、英語習得の科学的方法論を真摯に論じる場は極めて少ない。

認知科学者で慶應義塾大学名誉教授の大津由紀雄氏は、文科省「英語教育の在り方に関する有識者会議（第3回）」において、大学での英語教育の現状を「ＴＯＥＩＣの対策講座化に堕している」と評し、「ＴＯＥＩＣでの高スコアは必ずしも英語の熟達度を示すものではない」と喝破している。

そしてその原因として、「そもそも日本語がきちんと使える人が非常に少ない」ことを挙げ、母国語教育と英語教育のあり方に同根の問題があることを指摘している。

本来あるべき言語教育とは、英語という特定の言語に偏ることなく、言葉そのものに対する興味をさまざまな角度から養い、母国語と外国語をよく比較観察しながら「ことばの仕組みとか働き」を理解するものであるべきだという。

しかし、そもそも「比較観察」をする前提となるのは国語力である。国語力は思考と深く関連性があり、言語というものは思考した結果を表現するツールに過ぎない。だから、英語を学ぶ以前に国語力に立脚した思考能力がなければ話にならないのだ。

筆者は長年、翻訳や英作文の添削にたずさわっているが、最近気になるのは、課題への取り組み以前に、出題した際の指示を守らずに答案を送ってくる生徒が増えていることである。最初はあわてんぼうが増えたのかと思っていたが、最近では指示の意味がわかっていないケースがかなりあることに気づくようになった。

外国語の能力は母国語の能力を上回ることはないが、外国語を知ることは母国語を見直す契機となり、母国語の習熟度を高める。渡部昇一氏はこれを「知的格闘」と呼んでいたが、外国語を知ることは母国語と外国語両方に望ましい相乗効果が期待できるのである。

小学校における英語教育の危険性

筆者はかねがね、なぜ文科省がこれほど熱心に小学校に英語を導入したがるのか、理解に苦しんできた。しかも、文科省の学習指導要領は非常に杜撰《ずさん》で、文科省自体も導入を迷っていることがうかがい知れる。子どものことを考えているというより、一部の既得権益をもった方々や利益最優先の内外の企業におもねっているようにしか筆者には思えない。

確かに、例えばオランダでは小学校から、英語が教えられているが、それはオランダという国の置かれた地政学的な条件を考えれば当然と言える。しかも、英語以外で学ばれている外国語のどれもが構造や語彙の点で多くの共通点がある欧州言語同士だ。日本をオランダと同列に置いて論じることはできない。

文科省の言い分は、「小学校の教職課程を終えただけの先生だって、大学受験で相当高度な英語を学習した経験があるのだから、"This is a pen." 程度の英語は教えられるだろう」というものなのだろうが、何とも恐るべき乱暴な論理だ。

天下りの温床、「JETプログラム」は税金の無駄遣い

日本人はネイティブ教師が好きだが、小・中・高校などの英語の授業で日本人教師を補助するALT（Assistant Language Teacher　外国語指導助手）という制度がある。

この制度は、国が1987年度から実施している「語学指導等を行う外国青年招致事業」（The Japan Exchange and Teaching Programme　JETプログラム）という制度によるもので、アメリカ、オーストラリアなど世界の主として英語圏の国々から青年を日本に招致して、英語教育の支援をさせることを目的としたものだ。

このJETプログラムは、もともとバブル期に日米間で貿易不均衡が起こり、その際にアメリカから浴びせられた強烈なジャパンバッシングを緩和するため、1987年に外務省主導で導入された制度だ。一般財団法人「自治体国際化協会」（CLAIR）が運営しているものだが、以前から専門家の間でもその必要性が疑問視されている。

建前としては、外務省、文科省、総務省が地方自治体と協力して、外国の青年が学校で語学指導を手伝ったり地域活動に参加したりすることで日本を経験し、帰国後は親日家と

して両国間の貴重な橋渡しとなると謳《うた》っていた。

だが、真面目に英語を教え、国際交流に貢献しているALTもいるが、なかには金稼ぎ目的で来日する者なども少なくない。

また、母国語が英語の大卒者なら誰でもなれるという採用審査基準が杜撰だとの声もあがっている。アメリカ、イギリス、オーストラリアなどで英語を教えるには、TEFL、TESL、TESOLといった語学指導に必要な資格が不可欠だが、日本のALTにはこうした要件は求められていない。

この「JETプログラム」参加者には、年間336万〜396万円の給料が支払われる。渡航費、住居費、各種保険料なども含めると、年間600万円以上の予算がひとりに割かれている。日本人の教員の初任給や諸手当の額や待遇を考えると大変な優遇だ。

そもそも英語が母国語だからといって誰でも英語が教えられるわけではない。話し相手になることと、外国語をシステマティックに教えられるということは別物だ。

この制度が導入されて30年が経過したが、日本人の英語力は依然としてアジア諸国で最下層に低迷したままだ。

国のグローバル化を真剣に考えるなら、日本人による日本人のための英語教育に有効な事業に予算を回すべきだ。ＡＬＴとそれを食い物にしている天下り官僚に巨額な予算を垂れ流すぐらいなら、英語の教授資格を持っている人間を雇うか、地道に努力している日本人英語教師のサポートに使ってほしい。

国産の検定試験を開発せよ

前述したように、我が国には実に多様な英語資格・検定試験が存在する。一口に英語力と言っても、語彙力、読解力、作文力、リスニング力、スピーキング力などの測定要素があり、学習者のニーズ、学習目的に合わせてどのような検定試験がふさわしいかということについて、科学的に検証することは行われていない。

ＴＯＥＩＣ自体が悪いテストだとは言わないが、構造的に英語からは遠くかけ離れており、背景にある文化も著しく異なる日本語を使っている日本人には、あまり役に立つ試験とは思えない。

ＴＯＥＩＣを利用しようとする文科省の英語教育や社会人への英語教育は、多くのケースでピント外れの感が否めない。第7章で検討した各学習者に必要な語学力を伸ばし、あるいは測定する、もっと適切な検定試験を早急に作る必要がある。日本には優れた言語学者が多くいらっしゃるのだから、日本人向けの検定試験は日本で開発すべきだ。

では、ＴＯＥＩＣはどう利用すべきか。ＴＯＥＦＬの目的が「アメリカの大学でやっていけるかどうか」の判定だとすれば、ＴＯＥＩＣは「アメリカで支障なく生活できるかどうか」を判定する場合に限定してはどうかと思う。

日本の中学校から大学にかけての英語学習者や英語教員の能力を判定するには、英検のほうが優れている。大学受験のためのセンター試験は、いたずらに日常会話力を見ようとするのではなく、辞書や参考書持ち込み可で、相当なレベルの英文を読み書きできる能力を判定するタイプのものにすればよい。

会話ができるようになりたい人、留学を目的として会話力をつけたい方には、オプションで集中的なコースを用意すればよい。なぜなら、日本では英会話ができなくても、大学での学習は支障がないからである。

筆者は、次のような検定試験を行うべきだと考える。

・小学校から中学校までのレベル

「実用的」である必要はなく、むしろきちんとした英文法を言語としてどの程度習得しているかを評価できるテスト（会話は学校で学ぶ英語とは別物と考えるべきである）。

・高校後半から大学入試までのレベル

多少分野を絞った英文を、辞書や参考書持ち込みでよいから90％以上は正しく読解できるかどうかを見る試験が望ましい。相対評価ではなく、90点以上はすべて合格といった絶対評価とする。読解問題は内容理解と、若干の和訳の、両方のタイプが含まれていることが望ましい。

試験内容は志望の学部に応じた分野からの出題が望ましい。経済学部なら経済文献、工学部なら理系の論文など。フォーマルな文体での和文英訳のテストを課す。これも辞書、参考書持ち込みでよいので、80％程度の点を合格点とする。文法のテストは不必要である。なぜならば、文法を完全にわかっていないと正しい英文は書けないからだ。

・大学での単位付与のためのテスト

専門分野のある程度量のある英文を、辞書持ち込み可で一定の時間内に理解し、要約できるかどうかを見る試験がよい。

大学入試時より少し高度な英文ライティングのテストも課したい。

・大学院入学のためのテスト

専門分野の論文読解と、簡単な小論文を英語に訳す問題に特化するのが望ましい。いずれも辞書、参考書持ち込み可で行う。

留学希望の学生は、口頭でのコミュニケーション能力をつけていく必要があるが、これは大学が面倒を見る必要はないと思う。ただ、文科省などが、最適なメソッドにより会話力を短期でつけさせるようなサポートプログラムを開発してもよいだろう。

企業への提言――人事採用に使うな

筆者はTOEICをビジネスピープルの英語能力査定に採用するのは馬鹿げているという主張を繰り返してきたが、改めて、企業で採用することは不適切であると結論づけたい。

その具体的な理由を下記に挙げる。

・四択のテストなので、フィーリングで正解を得ることができる。
・四択のテストなので、書く、話すなどの発信する英語力はまったく評価できない。
・内容が職場の同僚や夫婦の日常のたわいもない会話などなので、真剣なビジネス交渉力などはまったく評価できない。
・900点取った者でもCNN、"The Times"は正しく理解できない。ましてBBC、"The Economist"などは問題外で、評価している語学能力レベルが低すぎる。
・問題を使いまわしているので、「へたな鉄砲も数打てば当たる」で、何度も受ければ高得点が出るときがある。
・リスニングがアメリカのアクセントなので、イギリスをはじめそれ以外の地域の英語での会話には対応できないことが多い。

そもそもビジネスの現場で真に重要な交渉などは、中途半端な英語力の社員には不可能で、そういうときは通訳を雇えばよいのである。

ビジネスピープルに行うべき検定試験

社員が英語をどの程度使えるかを企業が測りたいのであれば、そのニーズにマッチした検定試験を考案すべきである。英語をよく使う企業の場合、社員がどの部署でどういう業務にたずさわるかを考えて能力査定を行うべきであろう。

例えば、英文書類を扱い、メールを書く必要がある社員には、英文和訳、和文英訳をしっかり身につけさせる。1年に1回も外国人クライアントとじかに接することがないようなら、会話学習は後回しにするのである。

接客を業務にする場合は、安易に即席の英会話練習をさせるのではなく、社員ひとりひとりの基礎学力を適切なプレースメントテスト（216ページ参照）を通じて勘案しつつ、きめの細かいコースを作って総合的に英語を学ばせる。会話だけを学ばせるのは結局遠回りであり、本人も非常にストレスとフラストレーションを感じるはずだ。

第2部　望ましい英語学習のあり方

第10章　正しい英語学習法1
――読解力、作文力

文法アレルギーをなくしなさい

筆者は長年いろいろなところで語学を教えてきたが、10年以上前のあるとき、若い学習者たちが文法用語をきちんと学んでいないことに気づいた。

最初に気づいたのは、神戸で行った「やりなおし英語セミナー」で講義しているときに、ある生徒がおそるおそる「先生、基本的なことを聞いてすみませんが、『副詞』ってそもそも何ですか?」と尋ねた折である。内心「え〜っ、この子は副詞も知らないのか」と思ったが、筆者は大変心の広い（オホン!）教師なのでこう答えた。

「良い質問です。では説明しましょう。副詞とは、動詞で表されている意味を詳しく説明する言葉のことです。以上」

以後、次のような対話が続いた。

生徒「え〜っ、それだけですか」
筆者「それだけです」
生徒「……」
筆者「わかりませんか? では、『速く走る』と言うとき、動詞はどれですか」
生徒「『走る』ですよね」
筆者「では、『速く』という言葉はどのような働きがありますか」
生徒「走るにかかります」

筆者「要するに『詳しく説明している』わけでしょ?」
生徒「はい」
筆者「だから、『速く』は副詞です。君は、副詞って英語で何て言うか知っていますか?」
生徒「"adverb"ですか?」
筆者「"verb"って何だか知っていますか?」
生徒「『動詞』です」
筆者「その通り。でも"verb"という語は、(語源はラテン語で)本来は『言葉』という意味でした。"verbal"という形容詞は知っていますか」
生徒「……」
筆者「では、ノン・バーバルコミュニケーション(216ページ参照)という言葉を聞いたことはありますか」
生徒「ジェスチャーのことですか」
筆者「正確に言うと『言葉に依《よ》らないコミュニケーション』ということです。だから、この場合の"verbal"は『動詞の』という意味ではなくて、『言葉に依る』という意味です。元の話に戻りますが、ともかく一応"verb"が動詞のことであると君は知っていた。では、頭の"ad-"はどういう意味か知っていますか」

生徒「よく見かける接頭辞ですが……」

筆者「接頭辞なんて知っているのに、なぜ副詞を知らないんだ（笑）!? これは本来『傍《かたわ》ら』という意味です。だから、"adverb"というのは『動詞の傍らに置く言葉』という意味なんです」

生徒「へ〜、初めて聞きました」

筆者「聞くは一時の恥、聞かぬは一生の恥、というではありませんか。全然恥じることはないので、何でも聞いてください」

こう言うと、それまでやっていた講義内容などそっちのけになって、ほかの生徒たちから次々と質問が寄せられた。補語って何だ、とか、自動詞（213ページ参照）・他動詞（215ページ参照）って何だ、とか、仮定法がわからない、分詞構文（216ページ参照）ってどうして分詞構文と言うのかなど。文法用語大会になってしまったのだ。

筆者が説明すると、みんなは肝心の講義内容より面白いと言って、目を輝かせて聞いてくれたのである。生徒たちは、「先生、文法用語ってすごく面白いし、何より便利ですよね。文法用語だけのセミナーをやってください」とまで言ってくれたのだ。

このとき、文法（用語）アレルギーは学校教育での教え方が悪いからだと確信した。筆者もかつては文法用語など全然知らなかった。しかし、アテネ・フランセというフランス語学校で文法解析を叩《たた》き込まれ、東京外国語大学で言語学を体系的に学びなおしてからは、新しい言語を習得するときも極めて効率よく学習できるようになったのだ。

文法用語は知っていると非常に便利である。というか、知らないと語学学習は効率よく進まない。少なくとももものすごく非効率である。しかも、文法用語はわかってしまえばまったく難しいものではない。今まで文法用語嫌いの方がいたら、ぜひ学びなおしてみることをお勧めする。

語学学習に「王道」あり

「学問に『王道』なし」と言うが、見方を変えると「語学学習には『王道』あり」と言える。これはつまり、前項でお話ししたように、予め言葉の仕組みを理解し、その仕組みの知識を有効に活用できれば語学学習はものすごく効率が良くなる、ということだ。

偉そうに「王道」とは言ったが、実は半分ぐらいは、昔の教科書には書いてあったことである。もちろん学問は日進月歩で進化しているので、昔の大学受験生向けの学習参考書も、部分的には時代遅れなところや不正確な記述も散見される。しかしそれでも、現在のものよりよほどアカデミックで詳細に記述されているのは間違いない。

例えば、佐々木高政『英文構成法（五訂新版）』などは、例文で用いられている語がさすがに多少古くなっているので、現在となっては無条件でお勧めはできないが、使い方を注意して1冊丸ごと読みこなせば、立派な英作文の名手になれるだろう。

もう少し新しいものでは、ロング&ベストセラーで名高い江川泰一郎の『英文法解説（改訂三版）』も素晴らしい参考書である。これをベースにしてGeoffrey Leech & Jan Svartvik "A Communicative Grammar of English 02/e"（Longman）（邦訳は池上恵子訳『現代英語文法――コミュニケーション編（新版）』）あたりを併用すると、大変高い効果が出ること請け合いである。

語学学習には時とお金を惜しまない

恩師の故千野《ちの》栄一先生は、名著『外国語上達法』のなかで、語学習得に必要なものはお金と時間だという説を紹介されていたが、これは決して皮肉ではない。時間の必要性はみなさんも同意できるだろう。

「お金」は語学を真の意味で効率よく学ぶには、それなりの正しいスキルを先に身につけたほうが目的地に早く到達できる、そのためのお金は（余裕があるならば）中途半端にけちらないほうがよい、ということを意味しているのだ。

筆者も学生の頃はお金がかからない方法で勉強していたが、あるときをきっかけに、本当に役に立つスキルを学べる（盗める）先生を見つけたら、お金を貯《た》めて、1か月にたった1回のレッスンでもよいから受けるほうが結局自分のためになる、ということを知った。

実は、このきっかけというのはリコーダーのレッスンだった。若い頃筆者は音楽家になりたいと思って、リコーダーとフラウト・トラヴェルソ（17〜18世紀に用いられていた木製のフルート）を勉強していた。最初自己流でやっていて結構天狗《てんぐ》になっていた時期もあった。

あるとき、友達に誘われて当時東京藝術大学の講師をされていた多田逸郎先生に一度レッスンを受けた。1回のレッスン代と横浜から東京までの電車賃は大変な負担だったが、先生のレッスンを受けてすべての考え方が変わった。

後に語学の道に入ってからも、自分が心から師事したいと思う先生を見つけたときは、経済的犠牲を多少払ってでも教えを受けるようにした。今となってはこうして語学で身を立てられるようになったのは、良い先生方に恵まれたからだと確信している。

語学学習の三種の神器

ツールとしての語学学習の三種の神器は、良い辞書、良い参考書、良い先生である。

先ほど話に出た「良い先生」というのはなかなか簡単には出会えないものだが、「良い先生」を見分けるのはさして難しくない。それは、知的レベルで自分を楽しませてくれる教師である。もっと簡単に言えば、習っていて（知的な意味で）楽しい先生だ。

優しい先生でも厳しい先生でも、あなたが「この先生に習っていると、自分の知らなかった知識をたくさん得られるという意味で、もっとレッスンを受けたい」と思うような先生が、あなたにとっての良い先生だ。

あるとき、作文講座480題という問題を添削していて、生徒のなかで、素晴らしくできる女性がいた。英文が正しいというだけではなくて、理想的な英文を書いていた。

ただ書けるというだけなら、帰国子女などに優秀な子はいるが、そういう生徒はたいてい英文が口語的、場合によっては俗語的である。筆者がわざと少し硬い日本語を問題文として提示しても、答には「伝わればよい」というようなフランクな解答文が多い。

前述の生徒に経歴を尋ねたところ、地方の高校を出て東京の大学でアジアの言語を学んだという。この生徒の場合、地方で受験勉強していたとき、予備校で出会った英語の先生に、来る日も来る日も英作文を厳しく指導されたというのだ。やはり、素晴らしい英語の使い手の陰に名教師あり、だと痛感した。

良い辞書とは

正しい語学学習には良い辞書が不可欠だ。

良い辞書の定義とはどのようなものだろう。非常に重要なのは、その語を使って、英語として正しい表現を組み立てるために必要な情報が記載されていることである。例えば、動詞の場合なら、コロケーションが詳しいなどだ。具体的には、

1　主語や目的語となる名詞の性質にどのような制約があるのか
例えば "run" という動詞は "cat" や "dog" ができることか、"car" は "run" できるか、"soup" は "drink" できるかといったこと。
2　どのような前置詞をとるか。
3　どのような副詞と結びつくか。
4　どのような名詞と結びつくか。
5　目的語に動名詞（215ページ参照）、to 不定詞どちらをとるか、両方ともとれるか。
6　どういう文型で使えるか。

などの情報が載っている必要がある。

名詞の場合なら、

1　その名詞が含まれる複合語や熟語が多く採り上げてあること。

2　共起する形容詞や動詞が挙げられていること。

「高い鼻」は "long nose" であり、「薄いお茶」は "weak tea" であるとか、「時間をつぶす」は "kill time" であり、「辞書を引く」は "consult (use) a dictionary" である、など。

などの情報が多く含まれていることである。

複数(多数)の意味がある語については、使用頻度の高い語の順に記述されていることも望まれる。

もちろん、一冊の辞書ですべてが優れているということは非常に困難だが、筆者は、ビジネスがらみの仕事や学術的な内容の仕事をするときは、まず小学館の『プログレッシブ英和中辞典』、語学学習教材の制作や口語的な英語を調べるときは大修館の『ジーニアス英和辞典』、専門用語やシソーラス（213ページ参照）の用途は研究社の『リーダーズ英和辞典』、語源を徹底的に調べるときは研究社の『新英和大辞典』など、その他複数の辞書を使い分けている。

もうひとつ、よく英英辞典を使うことで実力が上がるか、と聞かれる。これは、相当な実力がついてからのほうが良いと思う。それもあくまで補助的に使うのがよいだろう。英語の定義文を読むのにさらに英和辞典をたびたび引かなくてはならないレベルの方にはあまりお勧めできない。

良い参考書とは

次に、「良い参考書」の定義を考えてみたい。

いろいろな条件をひとまず排除して、ただ単純に「良い本だな」と筆者が思う参考書とは、次のように定義できる。

それは「理由と方法論が書いてある」ことだ。

方法論とは、例えば、英文を深く味わって読むための方法論、英米人が自然と感じる英文を書けるようになるための方法論、ヒアリングやリスニングが上達するための方法論、単語を少しでもたくさんかつ深い意味のニュアンスも含めて覚えるための方法論、などさまざまだ。

この基準に照らすと、世に出回っている英語の参考書の大半は筆者にとって「良い参考書」とは言えない。多くは著者が知識をひけらかしているだけで、「はい、後は一生懸命、文や単語を丸ごと覚えて私みたいにできるようになりなさいね」と言っているような印象を受ける。

つまり、問題と答しか書いていなくて、その答にたどりつくためのプロセスや、答を導くための方法論を示していない参考書なのだ。

再三述べているように、英単語は英語圏の国々でその使用頻度にばらつきがあったり、社会層によってスピーチレベルも多様だ。幼児語、俗語（これも地方差が大きい）、ビジネス用語など、使われる範囲ごとに異なり、一生かかっても到底覚え切れないほどの語彙や語法が存在する。

だから、単語を知っていたとか知らなかったとかで一喜一憂する必要はない。辞書や参考書をフル活用しつつ、奇をてらった語を使わないで少しでも読みやすい英文を、じっくり考えながら書く練習をたくさんすることをお勧めする。

筆者の見るところ、英語の参考書はこれだけ氾濫していながら、やたら小手先の技術論に終始する本が多い。英語参考書の棚の大半を占領している「TOEIC攻略本」などがその最たるものだ。

先に紹介したものも含め筆者が愛用している参考書やためになった著書を、巻末に何冊か紹介するので、ぜひご覧いただきたい。

リーディング能力を身につける方法

TOEIC試験で「リーディング」と言った場合、英文を英文のまま理解する作業を指していると思うが、英文の理解ということでは「英文和訳」という学習分野もある。

TOEICがたとえ「和訳力」（これは実はかなりの日本語記述能力を必要とする）を問わない試験であったとしても、英語をものにしようとする方なら、英文和訳もぜひ学習してほしい。

なぜかと言うと、英語→日本語、日本語→英語の両方向の翻訳力がないと研究や仕事の役に立たないからであり、特に英語力を武器にして仕事をしたいと思っている方にとって、「お金になる語学力とは翻訳力」だからである。

よく「読み書きはできるが会話ができない」と言う方がいるが、筆者はこういう方の英語力をあまり信用していない。なぜなら、読み書きが本当にできる方はそんなに会話に困らないはずだからである。

ついでに言うと「和訳はできるが、英語で文章を書くのは苦手だ」という方の和訳力もあまり信用していない。なぜかと言うと、筆者の経験では、英文が書けない方の英文和訳は必ず問題があるからである。

さて、筆者は翻訳会社を始めて30年余、また、通信教育による翻訳講座を開設して25年以上になるが、その間膨大な量の翻訳の校閲、添削を経験してきた。そして、英語の翻訳者に関していくつかのことに気づいた。それは次のような事実である。

1　フランス、ドイツ、スペイン、ロシアなど、ほかの言語の学習者に比べて、英語の翻訳者としての実力をつけることに成功した方の確率がかなり低い。言い換えれば、英語の翻訳者は育ちにくい。
2　英語の翻訳者の仕事には「訳抜け」が多く、「おおざっぱな訳」をする方が多い。
3　英語の翻訳者は、原文が「直訳でも日本語になりやすい文」の場合でも、安易に訳文をいじる方が多い。
4　スピーチレベルに関心を払わない方が多い。
5　他言語の翻訳者にも訳し間違いはあるが、それでも「単語」や「フレーズ」の単位で間違うので、誤訳を発見しやすい。それに対し、英語翻訳者の場合は、「どうしてそのような訳が思い浮かぶのか頭をひねるような訳文」を書くので校閲のしようがないことが多い。
6　固有名詞の日本語での表記など、意外と常識、一般的知識の乏しい方が多く、またそうした情報を集めたり確認する努力をあまりしない方が多い。
7　少し言いにくいことだが、正直に言うと、「英語だけの翻訳をしている方」（お断りしておくが、もちろん素晴らしいプロもたくさんいる）で本当に優秀な翻訳者は学習者の数に比べて少なく、「他言語の翻訳者で、ついでに英語の翻訳もする方」のほうが、良い翻訳をする確率が高い。

これらの原因はどこにあるのだろうか。筆者はその原因をほぼ断定できる。それは次の3点である。

1　英文の徹底的な分析ができていない（翻訳を学んでいる方のなかには、「分析」の仕方を習っていないし、それに必要な「文法用語」、「品詞の定義・意味」も学んだことのない方が多い）。

2　英文を正しく解釈するときに守らなければならない「ルール」を知らなかったり、そのルールをどのように知るかの方法論を知らない。つまり、翻訳の方法論を学んだことがない。

3　言語というものがどのようなものかわかっていない。そのため、単語の意味に対する想像力、比喩の普遍性などを、日本語に置き換えて考えてみたり、類似の現象を探してみたりする訓練をしていない。

もし、この本の読者のなかに英語の翻訳を学んでいる方がいたら申し訳ないのだが、悲観するには及ばない。こうした状況に陥っている大きな原因は、やはり学校教育を含めた我が国の英語教育のせいで、みなさんのせいではない。

これもまた、間違った国語教育、英語教育、そしてＴＯＥＩＣに影響された「暗記型学習」または「フィーリング学習」のせいなので、本書を手にとったのをきっかけに、ぜひ正しい学習法で学びなおしてみていただきたい。そう多くの時間を要することなく、修正できるはずである。

精度の高い翻訳ができないのは、特に1と2のスキルを知らないで訳しているからだ。

前述したが、英語に比べると、フランス語やドイツ語は語形変化が複雑な分、文章解析のルールを知らないとどうにもならない。よって無意識のうちにルールに従って解釈する習慣がつくので、誤訳する確率が低くなる。こうした英語以外の言語の翻訳者は、そうしたルールを英語にも当てはめて翻訳するので、結果的に英語翻訳者より誤訳が少なくなるのである。

だから、みなさんも、もし英語の文型や文構造の知識があやふやだったら、必ずそれを復習してほしい。じっくり取り組めば身につくし、正しい翻訳はこれがすべての出発点であるから、避けては通れない道なのだ。

リーディングに関しては、TOEIC受験者から必ず出るであろう質問は、速読の練習は必要か、というものである。これは正直答えにくい。その学習者のレベルに依るからだ。筆者は、速読の練習をするなら、相当な語彙を習得してからのほうがよいと思う。語彙が貧相では速読もへちまもないだろう。筆者の場合は、生徒には精読を徹底的に勧めている。そうして実力がついたら、「高速精読」を練習するのだ。このプロセスで学習できればベストだと思う。

ライティング能力をつけるには——真の「文法知識」とは

英語ができる方ほど、自分がどの程度の英語能力を習得する必要があるかを知っている。英語がいつまでもできないと思っている方ほど、自分がどのような英語力をどのぐらい身につければよいかを考えることなく、漠然とネイティブのようにペラペラしゃべれる自分を妄想し続けているものだ。

「正しい英文を書けるために必要な知識とノウハウ」が「文法」であり、高度な言語習得にとってのすべての出発点である。英文を正しく書ける方は読解において構文の取り違えをしない。したがって、言葉としての英文を読み違うことがない、つまり誤訳しないのである。

英文を書ける方が話せないということは、スピーチレベルの問題を考えなければ、論理的にはあり得ない。ただ、英文を即座にスムーズに口に出して発音するトレーニングをすればよいだけなのである。

では、「正しい英文を書ける」ために、次のことをできる自信があるかどうかチェックしてみよう。少し難しい用語もあるかもしれないが、このようなことに対する解決策を学んでいなければ、あなたの英語はいつまでたってもフィーリング英語で上達することはないので、基本に立ち返って見なおしてみよう。

1　言葉の決まりのフィールドでのスキル

a　基本文型が全部頭に入っているか
b　基本的語法が全部頭に入っているか
c　冠詞を適切に使えるスキルが身についているか
d　名詞句を自在に構成できるか（名詞の単複とつける冠詞を選択できるか）
e　動詞の基本的な時制、態、相、法を使いこなせるか（適切な語形にできるか）
f　発話に際し自らの意図を正確に表現できるか
g　比較表現のロジックが理解できているか
h　関係詞による節を構成できるか（特に、前置詞付きの関係詞が使いこなせるか）
i　副詞句（特に時の副詞表現）を正確に表現できているか

2　論理的思考力と日本語記述力、コミュニケーション術のフィールドでのスキル
a　論理的思考力があるかどうか（文法面）
b　きわめて日本的な文を英語的論理に転換できるか（発想転換力）
c　英語的論理が強い文を自然な日本語に直せるか（日本語記述力）

d　語彙力（単純に語の意味だけでなくコロケーション知識も含めて）があるか

e　会話スキル（語用論〈212ページ参照〉に関する知識）のセンスが磨かれているか

ここに書いたスキルは、おそらくみなさんには非常に難しく感じるだろう。英語で書くというのは実際難しいのである。しかし、だからといって、目を背けていては永遠にレベルアップできない。ひとつひとつの問題を日頃からあれこれよく考えながら、知的格闘を楽しむ気持ちで、地道に学習していただきたい。

語彙の爆発的増幅法

英語の辞書には、フランス語やドイツ語などほかの欧州言語の辞書に比べて2〜3倍の量の見出し語が掲げられているのをご存じだろうか。この語彙数の多さが我々英語学習者にとって、学習上の大きな壁になっている。

実は英語という言語は、古い北ドイツの言葉（西ゲルマン語）を土台にして、そこにスカンジナビアの言葉が混ざりあい、さらに中世にフランス語が大量に入り込んだため、こ

ラテン語・ギリシャ語系語彙		←専門語彙
フランス語系語彙		←正式な文章語の語彙
ドイツ語系語彙	北欧語系語彙	←日常会話の語彙

名詞につく接頭辞、接尾辞の例

	接頭辞の例		接尾辞の例	
ゲルマン系語彙	for- with-	forget, forgive withdraw, withstand	-dom -hood	freedom, kingdom childfood, falsehood
ラテン系語彙	ex- per-	exclude, excuse perfect, permit	-age -ment	damage, vintage movement, segment
ギリシャ系語彙	meta- para-	metabolism, metaphor parachute, paradox	-ist -ism	artist, pianist optimism, socialism

んなに多くの語彙を抱えることになったのである。

征服民族であったフランス人（イギリスを征服したノルマン朝のルーツは北方のバイキング）の言語は当時文化的に進んだ語彙を豊富にもっていたため、公式の書き言葉はフランス語の語彙、庶民の間で話される語彙はゲルマン語の本来語、という棲《す》み分けが進んだ。そのため、英語の本来語は口語と文語ではなはだしく使う語彙が異なるのである。

そこで、第6章で扱ったスピーチレベルで言えば、上の表のように日常会話はドイツ語系＋北欧語系のハイブリッド、正式な文章語はフランス語系、そして専門語彙はラテン語とギリシャ語系、このほかに下層を形成するケルト語や夥しい数の世界中からの外来語もあるということで、英語の語彙はまさに万華鏡の様相を呈している。

これら膨大な英語の語彙を効率よく覚える方法がある。次の通りだ。

1　幸い日本語には英語の外来語が非常に多いので、カタカナ語を見たら必ず綴《つづ》り字を書けるようにし、できれば原義を調べておく。例えば、キャリアアップの「キャリア(career)」と、病菌保有者などの「キャリア(carrier)」は綴りを書き分けられるだろうか。

2　形態論(212ページ参照)の基礎を学ぶこと。多くの語彙は、語幹と呼ばれるコアの部分に接辞(接頭辞、接尾辞。214ページ参照)がついて派生していく。接辞には、ゲルマン系、ラテン系、ギリシャ系とあるので、前ページの下の表のようにそれらを体系的に覚えておく。これは絶大な効果がある。

3　固有名詞の元の意味をとことん調べておく。

4　意味論(211ページ参照)の基礎を学んでおく。

「意味論の基礎」というとわかりにくいかもしれないので、言葉遊びのつもりで次のようなことを考えてみてほしい。

例：隠喩（メタファー。211ページ参照）の例を英語で考えてみる。

「感覚」を表す語が、別の表現にたとえとして使われていることはないだろうか。日本語で考えてみると次のような例が思い浮かぶ。

甘い考え（味覚）・金にうるさい（聴覚）・缶詰めになる（視覚）

あたりがいい（触覚）・あいつがくさい（嗅覚）

英語でこのような隠喩の表現をさがしてみよう（答は章末）。

30代以上の学習者は会話学習から入るな

少し邪道な入り方となるが、筆者はへそまがりなので、英語がすでにかなりできる大人の生徒が第二外国語（例としてフランス語を挙げる）を仕事で使うことを前提で学ぶ場合、読む、書く、聞く、話すの順で、猛スピードで教える。

なぜなら、英語ができる方なら、集中すれば20時間程度でフランス語を読めるようになるからだ。この後50時間ぐらいしっかり訳読練習をしたら、英語の基礎的な文型１５０程度をフランス語にしながら、語順や文法現象の違いを観察し（楽しみ）ながら暗記させてしまう。このとき、訳読練習の際に、語の造り（造語法という）の決まりを教えながら、通常の３～４倍のスピードで単語力をつけさせる。

そのうえで、良質の会話教材を使って一気に会話の練習をさせると、せいぜい１００時間もトレーニングすれば、現地で生活に困らない程度のフランス語会話力は得られる。

後は、その方が属するビジネス（研究）分野の文献を読みながら専門単語を吸収して、同僚やクライアントたちとビジネス・トークをしまくるだけだ。日常のスラング的な表現は、帰りにブラッスリー（フランスの飲み屋兼安飯屋）で一杯やりながら地元の方と積極的に会話すれば問題ない。

なぜフランス語会話の話をしたかというと、英会話もこの方法を応用できるからだ。

いつまでも英会話ができないという方は、発音は別にして、「英文を文法的に正確に書けない」のと「語彙力が足りない」のが根本的原因なのだ。

つまり、これが克服できたら、発音をきちんと矯正して（第11章で述べる）、正しい方法でパターンプラクティス（216ページ参照）による口頭練習を100時間やるだけで、英会話が怖くなくなる。

【クイズの答】

隠喩の英語での例

味覚の例：a sweet poem（美しい詩）　a bitter tongue（毒舌）

聴覚の例：a noisy shirt（派手なシャツ）　ring a bell（思い起こさせる）

視覚の例：a Broadway star（ブロードウェイのスター）　a carpet of moss（一面のコケ）

触覚の例：a solid friend（信頼できる友）　soft news（政治経済以外の軽いニュース）

嗅覚の例：make a stink（騒ぎを起こす）　a smell of the spy（スパイくさい）

第11章　正しい英語学習法2

――会話、発音学習法

本章では、日本人学習者の多くが苦労している、英語の発音や会話の力をどのように改善すべきかについて少し考えてみたい。

知らない単語は耳が良くても聞き取れない

まず、ヒアリングに対する間違った考えについてお話ししたい。

筆者が企業のビジネス語学研修の仕事にたずさわっていたとき、ある日本を代表する証券会社の人事部長から研修のあり方について相談を受けていた。この部長が「先生、今度うちも長時間のヒアリング集中講座というのを採用してみようと思うのですが、どうでしようか」と言いだした。筆者は次のような意見を述べた。

1000時間もヒアリングをやる時間があったら、その前に英語の基本的な文型や文法知識があるかどうか、ある程度の語彙力が受験者に備わっているかどうかをチェックしてから受講させるべきである。そもそも知らない単語や語法は聞き取れないからだ。

1000時間というのは大変な時間数だ。方法論が正しければ、フランス語とドイツ語が相当使いこなせるようになるほどの学習時間だ。仮に1年かけるとして、休日も含めて1日に3時間近くである。忙しいビジネスピープルが、そんな長時間を英語のためにだけひねり出すことなど可能であろうか。可能であるにしても、もっと別のことを学習したほうが企業のためになるのではないだろうか。

筆者が指導者なら、900時間を文書講読と英作文の演習に費やし、100時間だけヒアリング訓練をさせる。それだけで、1000時間ヒアリングのみをやった方と同じレベルのヒアリング能力はつくと確信している、と。

確かに英語は日本人にとって音声的にも相性の悪い言語なので、発音に慣れることは重要だ。しかし、現時点で会話がまったくできない方でも、大学に合格できるレベルの英語をしっかり学習してきて、専門の論文を読んだり書いたりする力のある方なら、海外に留学して半年もすれば、自分の専門分野の会話などは困らない。

日本人にとってダントツに難しい英語の発音

イタリア語やスペイン語の発音は日本語と音声的に類似している。日本人にとって発音が比較的容易で、知っている単語はほぼ聞き取れる。

もちろん、現地の方のように発音するのは、それなりにどの言語も難しいが、それでも、カタカナを棒読みしてもだいたい通じる。通じにくいのは英語だけだ。

これはなぜかというと、日本人が発音する音の種類（言語学の用語では「音素」という）と英語のカウンターパートの音がことごとく少しずつずれていて、誤解が生じやすいからだ。

例えば、日本人のラ行の音は、一部のアメリカ人の耳にはしばしば「t」と聞こえる。なぜかというと、アメリカ英語では母音に挟まれたtの音はだらしないd（dh）に発音され、さらにそれが速く発音されると、日本語のラ行のrのようになるからなのである。“cutter”や“water”が「カラ～」、「ワラ～」などと聞こえるのはそのためだ。

また、アクセントのある音を強烈に発音し、それ以外の音を極めてスピーディに発音する英語に対して、日本語はひとつひとつの音節を均等に発音する。この点でもヒアリングするうえで、お互いに「相性が悪い」のである。

学校で英語を学んだだけでは、生きた英語の口語を聞き取るのは難しい。特にくだけたインフォーマルな会話はほとんどお手上げだ。現地でネイティブ英語のシャワーを浴びればわかるようになるだろうと考えて甘くみていると苦労することになる。

自分で正しく発音していないと聞き取れない

英語のヒアリングを克服するもっとも有効な方法は、自分自身が正しい発音を身につけることだ。この目的のためには、発音はネイティブに習うのではなく、音声学（211ページ参照）に基づいた科学的な発音指導のできる日本人の先生について訓練を受けることが非常に効果的である。

発音の練習というと、何となく退屈なもののように思っている方が多いと思う。筆者もかつては、音声学には興味がなかったのだが、東京外語大の大学院で、この道の碩学である故竹林滋教授の音声学講義を受ける機会があり、それ以来音声学が非常に興味深いと思えるようになった。

ひとつ感動したことがある。竹林教授の講義の際、教授は受講生に英文論文を読ませるのだが、最前列に並ぶ4名の女子大生が読む英語がほれぼれするほど美しいのである。

彼女たちの朗読を聞いていると、帰国子女の学生が流暢《りゅうちょう》に話す英語より、はるかに品が良くて「美しい」のだ。後にそのなかのひとりに聞いたところによると、音声学を学んで発音を科学的に訓練すると、英米人のいろいろな英語の変種（216ページ参照）が容易にまねできるようになるという。

ひとつ簡単な例を挙げよう。日本人の「タ行」のtはだいたい舌先が歯茎と歯の裏側に近いところで軽く触れて出すが、英語のtは完全に歯茎音でしかも帯気音（子音を出すときに強く息を出す）なのだ。だから、「多田さん」の「タダ」の部分を、舌先を歯茎につけておいて、（日本人としては）これ以上強くたたきつけられないというほど目一杯たたきつけるようにして「タ……ダ……」と発音してみてほしい。非常に英語的になっているはずだ。

筆者は、個人的な意見として、文科省の英語教員養成のシラバス（214ページ参照）に、この「科学的に音声を教える」スキルを入れるべきだと考えている。もちろん、今現在もそういう時間はとられているはずだが、もっともっとレベルアップする必要があると思う。

発音モノマネ遊びの勧め

筆者はモノマネが好きなので、いろいろな発音を訓練して、イギリス人の英語、フランス人の英語、インド人の英語などがまねできるようになった。これは楽しい勉強で、つまり、昔タモリさんが得意としていた「四カ国語マージャン」の英語版をして遊ぶのだ。

そんなことをしていると、次第に耳が良くなってくる。あるとき飛行機で隣の席に座った若い夫婦に「あなたたちはリヴァプールの方ですか?」と聞いたら、"How do you know?"（どうしてわかったの?）とびっくりされた。

筆者が一番自慢にしているのは、デンマーク語の難しい（英語のrとはまったく異なる）「r」が発音できることで、現地でやってみせたら、デンマーク人から「うまい、うまい」と褒められたことだ。

日本語についても同じことが言える。先日たまたま乗ったタクシーの運転手さんに「もしかして高松のかたですか?」と聞いたら、「え? お客さん、高松ですか?」と言うので、「いえ、私は横浜です」と言うと、どうして高松弁のアクセントがわかるのか、とびっくりされた。

英語は難しい発音が多いので、このようなゲーム感覚というか、遊び心をもって(ただし個々の言語で、音を作る口のなかの場所や方法などを比較しながら訓練する科学的なアプローチで)「まねっこ」しながら練習するとうまくなる。うまくなるといろいろな英語の変種を発音し分けることができて楽しい。

実は誰も話していない標準英語の発音を目標にするべし

話を戻すが、なぜネイティブから発音を習うのが良くないかというと、ネイティブの教師は必ずその出身地の発音の癖があるからである。

例えば、カリフォルニア出身の教師に習っていた方は、スコットランド出身の教師に代わった途端、ヒアリングの力に自信を失うだろう。私たちは、科学的な音声学の知識のある日本人の良い先生から「標準英語の発音」を学ぶべきなのだ。

「標準英語の発音」という言葉の意味がわかりにくいと思うので付言しよう。例えばテレビの優れたアナウンサーが丁寧に朗読するときのように、実生活にはほとんど存在し得ない、その言語の理想的な発音のことである。

結論を言うと、ヒアリングというのは、語彙力があって、文脈やトピック（話題）が明確であれば何とかなるもので、１０００時間も「マラソン」する必要などないのである。

発音より話の内容が重要

何度も述べてきたように、ビジネスピープルが国際ビジネスで必要とされる英語力とは、実は会話力ではなくて読み書きの力だ。アングロサクソン式の欧米のビジネスでは、口頭の契約というのはあり得ない。大事なことはすべて文書で取り交わす。

ルーティン・ワークについて考えてみると、メールでのコミュニケーションにしても、結局ものを言うのは、迅速にかつ的確にメールを書き、また先方から来た（ときとして難しい）内容のメールを（相手の腹のなかまで読みながら）読み取る力である。カッコよく話す英会話とはまったく種類の違う英語なのだ。

こういう英語力をもった方の前では、会話がうまいとか下手とか、発音が良いとか悪いとか（通じないほど悪いと問題だが）いう問題は、二次的な問題なのである。

例えば、日産自動車会長のカルロス・ゴーン氏の話す英語はわりと日本人に近い発音だが、使っている英語そのもの、話している内容が理路整然として中身のあるものなので、彼の英語が下手だとか発音が悪いとか馬鹿にする方はいない。

村上春樹氏のスピーチを一度聞いたことがあるが、彼の英語も同じ意味で好感がもてた。

四の五の言わずに2万語覚えろ

このように偉そうなことを言っている筆者も、かつて東京外語大の大学院に在籍していた頃、英語での会話に自信がなくて悩んでいた。当時筆者は翻訳の仕事を本格的に始めていたので、読み書きにはそこそこ自信をもっていたが、どうも外国人を相手にする会話となるとスラスラというわけにいかなかったのだ。

あるとき、ポルトガル語（筆者はイタリア語専攻だが）の恩師である故池上岑夫《みねお》教授の研究室で教授と歓談していたおり、ブラジル人のA先生が顔を出されて、何やら難しい話をまくし立てて帰られた。そのとき池上教授は「フンフン……ああ、ではそうしましょう」と、返事をしていた。

A先生がいなくなってから、筆者が「先生、さすがですね、何か難しい話をしておられましたが、1回でおわかりなんですね。どうやったらあんなに会話がうまくなるのですか？」と伺うと「冗談言っちゃいけね～ぜ（池上教授はべらんめ～口調だった）。A先生が話していた話は、難しいったって言語学の話だからね。俺の専門だぜ。あれぐらいわからなかったら教授をクビだよ」とお答えになって、こう続けられた。


「君、会話コンプレックスなのか？」

「はい」

「外国人恐怖症なのかい？」

「いいえ、外国人とはすぐに仲良くなれます」

「あ、そう。だったらね。四の五の言わずに単語を2万語ぐらい覚えるまで、和訳と英訳を、丹念に勉強し続けなさい。それが終わる頃には、俺は何を悩んでいたんだろう、と思うほど、会話のことなんか気にならなくなっているから」

「……」

「外国人が話している単語をもし全部知っているとしたら、英語のように日本人には聞き取りにくい言語であったとしても、相手が言っていることはだいたい聞き取れるものなんだよ。聞き取れないと言ってる人は文法や語法を知らない、単語力がない、会話の背景にある文化的バックグラウンドについての知識がない、それだけのことなんだよ。

それでも君が聞き取れない場合は、相手が悪いの。こっちが相手の言葉で話しているのに、方言の発音が丸出しだったり、スラングを使ったりする気配りのない人間だってこと。そういう人の話すことなんてロクなことじゃないし、聞き取れなくていいの。

アメリカに行って商談してごらん（先生は、その頃、筆者が大学院に入ったときに会社を設立していたのをご存じだった）。ビジネスの話になると、向こうだって懸命に自分の言いたいことを通じさせようとして、標準的な英語を明瞭な発音でゆっくり話すはずだ。

君のなかには、やはり少し外国人に対してのコンプレックスがあるんじゃないか？　君は言語学を勉強しているんだから、相手の話す英語が間違っていたら、『あなたね、私は外国人で英語を話しているんだから、ちゃんと文法規範にのっとった正しい英語を話しなさい』と言ってやるんだよ。そうすれば、リラックスして会話できるよ」

このような内容のことをおっしゃった。

我々日本人も普段の会話ではずいぶんデタラメな文章で話している。

筆者の友人で、2017年夏、イタリア文化会館館長として赴任してきたパオロ・カルヴェッティ君という日本語の達人がいる。彼は筆者がうっかりテニヲハ（215ページ参照）を曖昧にして話すと、即座に「彼女に？　と？」と聞き返してくる。確かに重要な話を教養ある英米人と話すときは、前置詞ひとつ、冠詞ひとつ間違えただけでまったく意味が変わってしまうことがある。エリートビジネスピープルたるもの「適当に通じればいいや」で済むわけはない。

池上教授に先のようなアドバイスを受けてから、私の会話コンプレックスはなくなった。以後、会話を上達させるために、次のようなことを意識した。

1　質の良い会話文を、文脈をよく観察しながら和訳し、自分なりの会話の「公式」を工夫しながら、集める。
2　和文英訳をたくさん練習して、そのつどわからない文法事項を勉強しなおす。
3　実践的な、質の良い英文を、模範的なイントネーションの音声を模倣して音読する。
4　語法や言い回しを集めるのを趣味にする。
5　実際の会話の現場では、一字一句逃さず聞き取ろう、としないで、文脈を考慮しながら音のかたまりを感覚的に捉えるよう努める。

結論から言うと、聞き取りの難しい英語も含めて、ほとんど聞き取りに困らなくなったし、少なくとも、「聞き取れなかったらどうしよう」という恐怖から解放された。きちんと話の流れをつかんでいれば、よくわからないときは聞き返せばよいのである（このときものを言うのが正確な作文力だ）。

ここで言語学の知識を踏まえたうえで、「会話力習得のプロセス」をまとめておこう。

真の会話力をつけるには次のような学習プロセスを必要とするので、もし優れた語学教師に出会ったら、次のような内容を盛り込んだコースデザインを制作してもらうと理想的である。

a　構文分析能力の習得（標準文法の知識が必要）
b　発想論理・分析能力の習得（コミュニケーション文法〈212ページ参照〉を学ぶ）
c　決まり言葉、つなぎ言葉（215ページ参照）の習得（シチュエーション・メソッドを活用する）
d　文章創造力（認知法〈215ページ参照〉＋パターンドリルを応用する）
e　表現、語彙のスピーチレベルの分析能力（表現分析の手法を学ぶ）
f　正しい発音に関する科学的訓練（科学的な実験音声学〈213ページ参照〉を応用する）

日常会話は渡航寸前に勉強するほうがよい

会話力を錬成するときは、短期集中が望ましい。集中度が高ければ高いほどよい。忙しい時期はむしろ会話の学習は捨て、読み書きや語彙力の増強などに充てたほうがよい。

ただ、この間もテキストの音読はやっておいたほうがよい。もっと理想的なことを言うと、テキストの音読を始める前に、50回ぐらい模範リーディングを流すとよい（これは耳をそばだてて集中して聞く必要はない。例えば、風呂に入りながらでも構わない）。

そして、もし時間とお金に余裕があるなら、現地外国に行って会話練習に集中するとよい。その際、渡航する直前まで訳読、英作文の学習に専念し、一語でも多くの語彙習得に時間を割くとよい。

このときは、いずれ自分が縁をもつことになりそうな国を選ぶのがよい。テキサスに赴任するかもしれないのに、アイルランドの学校などに行かないほうがよいということだ。

コミュニケーション文法の重要性

会話において必要とされるコミュニケーション文法とは、ひとことで言えば、異文化を背景にもつ各言語間の表現構造の違いを観察し、分析する「文法」と言える。我々は、英語を学び始めたとき、最初のうちは、ほぼ一語一語を「逐語訳」して、簡単な文章を習得していくが、2~3年たつと、いつの間にか「逐語訳」できない文章に囲まれていることがわかる。

あるとき、筆者は、姪《めい》から中学の英語の教科書を借りて、どのへんから「逐語訳できない」文章が出てくるかを検証してみた。それは、中学1年生のある教科書の最後のほうで出てきた。

We have a lot of snow in winter here in Niigata.
(直訳:私たちはここ新潟で冬にたくさんの雪をもつ)
(意訳:この新潟では冬にたくさん雪が降る)

これがその最初の文章だった。

もし、初期の翻訳機械が、日本語としては自然な意訳の日本語をそのロジックのまま逐語訳していたら、"In this Niigata much snow falls in winter."という、英米人にとっては不自然な文に訳していたかもしれない。続いて、ある中学2年生の教科書の初めのほうで、次のような文を見つけた。

I have a brother and two sisters.
（直訳：私はひとりの男兄弟とふたりの女姉妹をもっている）
（意訳：私には男兄弟ひとりと女姉妹がふたりいる）
The next day was another fine day.
（直訳：翌日はもうひとつの晴れた日だった）
（意訳：翌日も晴れ〈の日〉だった）

これも初期の翻訳機械なら、"With me there are a brother and two sisters."や"The next day also, it was fine the next day."といった妙な英語に訳したかもしれない。

このような発想の違いはどうして出てくるのだろうか。

考えてみると、英語というのは、文法の習得と併行して、「発想（＝表現）の違い」を構造と論理の両面からよく比較分析し、観察しながら学習していかないと、レベルの高いコミュニケーションはできないのだ、ということがわかる。

したがって、文構造と論理をよく分析しながら学ぶこのようなアプローチなくしては、良い英語を書くこともできないことがおわかりだろう。このような力なくしては、ハイレベルなスピーキングの能力も養われないし、「良質の和訳」もできないことがわかる。

しかるに、我が国の「英語教育」においては、こうした「発想（表現）の違い」も、ただひたすら丸暗記に頼る前時代的な学習方法に依っているのである。

英語学習者のみなさんは、このような現象を普段からよく観察して、英語と日本語の発想の違いの背景にある文化的な差をよく認識しておく必要がある。こうした文化的な差に鋭い観察眼をもっている方ほど、全体的なコミュニケーションスキルも優れてくるのだ。

いくつか学習のヒントをクイズ形式で紹介しておこう（答は章末）。

1　常套《じょうとう》表現の比較。挨拶、謝意、詫《わ》び、あいづちなどの表現方法の背景にある発想の比較。

a　英語 "I'm sorry." は状況によって、日本語でどのように訳されるか。

b　日本語の「すみません」は、状況によって英語でどのように訳されるか。

2　語彙の比較。語彙の対応（212ページ参照）、イメージや視点の違い、意味の場（211ページ参照）の相違、など。

a　"old" の反対は "new" と "young" であるが、このような例（1：2対応）を探してみよう。

b　「犬猿の仲」は英語では何と言うだろう。

3　ノン・バーバルコミュニケーションの比較。ジェスチャー、表情、日本人の「阿吽《あうん》の呼吸」などの観察。

4　統辞（215ページ参照）面から見た表現の違い。

a　所有表現と存在表現：「太郎は脚が長い」は英語で何と言うか。

b　スル的言語（214ページ参照）とナル的言語（215ページ参照）：日本語で「あ

る」を使うのに英語で“have”を使う表現はあるか。

c 夏目漱石は作品中で“Pity's akin to love.”を「可哀想《かわいそう》だた惚《ほ》れたって事よ」と訳したが、この翻訳から読み取れることはどのようなことだろう。

5 翻訳論

a 「弘法も筆の誤り」は英語でどう訳す？

会話には語学力以外の知識が必須

英語ができればコミュニケーションがスムーズにいくというわけではない。人間同士のコミュニケーションにはさまざまな要素があって、言葉だけ通じていればお互いの意図が正確に通じ合えるというわけではない。

特に大きいのは文化的な差異である。いくつか例を挙げよう。

欧米では、話をするとき相手の目を見ながら話す（アイコンタクト）。しかし、日本人はこれが照れくさいのでついつい目をそらしてしまうという。欧米では目をそらすと何かやましい気持ちがあるのではないかととられたりする、というのだからやっかいだ。

外国語がまったく苦手な筆者の友人から聞いた話では、あるときアメリカ人の同僚に「あなたの奥さんはどんな方ですか?」と尋ねられたので、「いや〜、料理は下手だし気が利かない女です」と（おそらく謙遜の気持ちで）懸命に英語で説明したところ、そのアメリカ人は「そんな女性とどうして結婚したのですか?」と聞いてきたという。

奥さんと言えば、文化人類学者にして言語学者だった恩師の故西江雅之先生から伺った話では、ケニアでは「あなたの奥さんはきれいですね」などと言おうものなら決闘になりかねないそうだ。なぜなのか調べてみたら、ケニアの公用語であるスワヒリ語の文法書に「タブー」という項目があって、「他人の所有物に言及することはそれを欲しいと言っているに等しいので注意」と書いてあった。

ケニアというのは実はかなりアラビア商人の影響が強い国なのだが、イスラム語圏でもよほど親しい間柄でない限り、相手の奥さんのことを美人ですねなどと褒めないほうがよい。というのも、イスラム圏では古くから「嫉妬のまなざしにさらされると悪いことが起きる」という言い伝えがあるからだ。自分の持ち物に対して相手が嫉妬していると、その怨念が自分に良からぬことをもたらすと考えるのである。

異文化コミュニケーションとはこのようになかなか複雑なものだが、筆者は、この種の思いがけない文化の違いにより気まずい雰囲気になったときは、率直に理由を聞くようにしている。そうして、いったん先方の文化のなかでの非礼を詫び、日本ではこうなんですよ、とその文化的違いを説明している。これで状況が悪化したという経験はない。

会話を有益なものにするためには、後は人間力である。日本人はともすれば無口になりがちだが、これは相手と自分との距離が確定しないと話しにくいという日本人特有の人間関係が影響していると思う。

また、ユーモアのセンスを磨いておくのも重要である。アメリカ風はユーモア、イギリス風はウィットネス、フランス風はエスプリと言うそうだが、日本人はともすると生真面目なので、少し羽目を外すぐらいでもちょうどいい。

筆者はイギリス人のインテリのウィットに富む話し方が好きで、イギリス人の親友のひとりからいろいろと面白い表現を習った。あるとき彼がたいそう不味《まず》いワインを一口飲んだとき、目を丸くして、5秒ほど首をかしげ〝Interesting!?〟と言った。

25年くらい前だが、別のイギリス人の親友に、日本の皇室のことを聞かれたことがあった。ついでに「おたくのロイヤルファミリーの旦那も浮気しているらしいね〜」と聞いたら、しばし何のこと？　というような怪訝《けげん》な表情を見せていたが、「あ〜、イギリス王室のおぼっちゃまのことね。それはね……"Nothing new! It's their...TRADITION!"」と叫んだのだった。我々も負けずに彼らにユーモアを発揮しようではないか。

【クイズの答】

1　a　"I'm sorry to hear that." のときは「それはお気の毒に」
"I'm sorry to have kept you waiting." のときは「(お待たせして) すみません」

b　「お手伝いできなくてすみません」のときは "I'm sorry I can't help you."
「すみません、ちょっと通してくださいますか」のときは "Excuse me, could I get past?"
「どうぞお取りください」「すみません」のときは "You can take one." – "Thanks a lot."

2　a　"bring" は人を「連れてくる」ときにも、モノを「持ってくる」ときにも使うが、

「連れていく」は“take”が使われ、「もっていく」のときは“carry”が用いられる。

3

b　“They're like cats and dogs.”「彼らは犬猿の仲だ」(直訳：彼らは猫と犬のようだ)

一例として、少し離れたところから人を呼びつけるときの仕草を考えてみよう。日本人の「おいでおいで」は手の甲を上にして手招きするが、西洋人は、この仕草を「あっちに行け」ととるようだ(彼らにとっては、指先が下がっているときが基本位置で、その指先を上に跳ね上げているように感じるのだ)。彼らが「こっちにおいで」を示したいときは、手の甲を下にして手招きする。

4

a　“Taro has long legs.”

b　“He has a fever.”は訳すと「彼は熱がある」となる。

c　“Pity's akin to love.”は直訳すると「哀れみは恋に近い」と訳せる。

日本語に直訳すると、我々は「実も蓋もない」表現と感じる。ということは、日本語では何かを相手に伝えるときには非常に遠回しな表現をするのが常なのではないだろうか。

これは、どちらかというと意味論に近い問題かもしれないが、筆者の観察では、長い間、異質の民族と交わる機会が少ない歴史をもった国の言葉ほどコノテーション（言外の含み。２１２ページ参照）が豊かになるのだと思われる。

英語でも、アメリカ英語とイギリス英語との間に同じ現象が見られる。イギリスの、特に知識階級の方のほうが表現が遠回しである。前述の友人にディナーをごちそうになったとき、デザートを勧められて“Thanks, I'm full.”と言ったら、そんな品のない言い方はせず、“Well, I think I'm elegantly satisfied.”くらいのことは言え、と注意された。

ことほど左様に、イギリス紳士はＢＢＣアクセントで、実に味のある変化球的表現をする。

5　a　“Even Homer sometimes nods.”（直訳：ホメロスですらときどき居眠りをする）

第12章　プロを目指す方へのアドバイス

翻訳家と通訳者に求められる対照的な能力

翻訳家の仕事は何かというと、「納期までに完璧な翻訳原稿を完成させて納品すること」である。したがって、辞書、参考書、インターネットの利用はもちろん、人に教えてもらおうが、他人にやってもらおうが構わない。

翻訳という仕事が通訳のそれともっとも異なる点は、「納品」に時間的猶予期間があるという点である。ただし翻訳という作業は、多少、時間がかかったとしても100点の仕事を求められるのである。その点、通訳の仕事は満点を取ることより「即時のサービス提供」が優先されるわけだ。

となると仮の話として、ある言語に関して学習経験が浅く、語彙のストックが少ない方でも、文法構造を詳細に知っている方なら、「翻訳」ができる可能性はある。

これに対して、通訳は、基本的な知識だけでなく、予め相当な量の語彙のストックがないとできない。いうなれば頭のなかに辞書が入っている必要があるわけだ。それに加えて、相当量の慣用語法や音声を聞き分ける聴覚、その言語を使っている地域の文化的背景や時事問題なども知っていないと、正しく通訳するのは不可能であろう。

TOEICのスコアは関係ない

通訳の仕事に関しては、TOEICでハイスコアを記録した方のほうが優秀な仕事をできる可能性は高いとは言える。

しかし、翻訳に関しては（あまりに低すぎるスコアは問題外だが）、まったくと言ってよいほど参考にならない。筆者の経験から言うと、極端な例では600点程度のスコアの方でも完璧な和訳をする方がいた。むしろ950点を超える方は、英訳はそこそこ出来が良いが、和訳は質が落ちる傾向がある。

これはスポーツに喩《たと》えるとわかりやすい。スポーツには瞬発力を要求するものと持久力を要求するものとがあるが、通訳と翻訳の仕事は短距離走とマラソンの違いに似ている。すでに見てきたように、TOEICは、とりわけマラソン型の実力をまったくと言っていいほど測れないのである。したがって、翻訳家を目指す方に関する限り、TOEICのスコアが低いからと言って、悲観する必要はまったくない。

TOEICテストが自分に合っていないと思う方こそ、翻訳の仕事には向いているかもしれないので、もし英語が嫌いでなければ、翻訳家への道にチャレンジしてみることを大いにお勧めする。

二重人格!?

少し話の続きをさせていただくが、前述のように、翻訳と通訳の仕事はまったく対照的な（求められる適性が反比例すると言ってもいい）能力を要求されるものなので、適性という点から、なかなか両立しにくい。

通訳がまったくだめという翻訳家はいる。こういうタイプの方は、ひとつひとつの語をじっくり吟味するタイプなので、見切り発車的にどんどん言葉を発していかなければならない通訳業務は苦手なのだ。

生徒のカウンセリングをしていると、生真面目でシャイな方が「英語をペラペラ話したい」と言うことがあるのだが、日本語を話すときは蚊の鳴くような小さな声でゆったり話している方が、英語を話し始めたら大声で元気いっぱい話をするなどということはあり得ないのだ。そんな方がいたら二重人格者であろう。

ただ、話す言語によって多少「性格」が変わるということはある。筆者は英語、フランス語に比べてイタリア語を話すときは声が大きくなり、ギャグが増えると生徒に言われたことがある。

これは言われてみるとよくわかる。フランス人に比べてイタリア人は確かに声が大きいし、人と話すときにあまり相手の言い分を聞かずに自分が話すことが多い。昔イタリアに留学していたときに筆者もそうしていたため（そうしないとイタリア人とコミュニケーションできないので）、イタリア語を話すときにはそのような習性になってしまっているのだろう。

ローマの空港から出発してロンドンのヒースロー空港に降り立ったとたん、大声が出せない雰囲気を即座に感じ取り、通常の声のヴォリュームに戻ると自覚している。

笑い話だが、パリで地下鉄に乗っていたとき、イタリア人の女子高生が「マリーア、スブリーガティ！（急いで）」と（イタリア人の若い女の子の通常の声のヴォリュームで）叫んだところ、横を歩いていたフランス人の品の良いマダムが顔を少し引きつらせて、筆者に「何の悲鳴？　誰かに襲われたのかしら」と心配そうに尋ねたのだった。

例えば地方から東京に出てきた方も、故郷から友達が訪ねてきたら思わず土地の言葉で話すのではないだろうか。そして、精神的にいささかくつろいでいる自分を感じるのではないだろうか。

翻訳と通訳の適性

ある高名な翻訳家がニューヨークを初めて訪れたとき、マンハッタンのホテルのバーで「ドライマティーニー」を注文したら、ポテトが出てきたという逸話を耳にしたことがある。こういういい話（皮肉ではない！）を聞くと、すごく勇気づけられる。

筆者の知人のある女性は、見事な日本語を駆使する翻訳の名人なのだが、もともと人と接するのが苦手なタイプだ。彼女の語学力を観察していると、語彙力は抜群なのでヒアリングは問題ないのだが、世間話をするのが苦痛らしい。こういうタイプの方は結構いる。

また、優秀なイタリア語の同時通訳のMさんは、日本語で話しているときにはとても物静かな方だが、豊富な翻訳の経験に裏打ちされた、大変正確で見事な逐次通訳をする。

筆者の弟子のひとりAさんは、理論的なタイプの語学好きで、日本語の力がしっかりしているため、翻訳向きかなと思っていた（実際、翻訳をやらせてもそつなくこなす）。しかし、もともとおしゃべりな方なのだが、通訳案内業（いわゆるガイド試験）を受けると言い、ここ5年間で、ドイツ語、英語、イタリア語、フランス語、スペイン語でガイド試験に合格した。今では故郷の町と京都を行き来して、ガイド、通訳を中心に活躍している。

別の弟子のNさんは、逆にシャイな性格で、翻訳力は抜群（しかも10か国語）なので、完全な翻訳向きだと思っていたところ、ドイツ語のガイド試験をパスしたらしい。通訳の仕事をしたいと言っているそうだ。

女性のほうが通訳向き!?

こうした例を見てくると、概して、翻訳力がしっかりしている方が一念発起して会話力もつけようとすると優秀な通訳者になるケースは、特に女性に多いようだ。ある神経科学者によると、男性は1日に平均7000語、女性は平均2万語を話しているそうなので、やはり一般論としては、通訳は女性向きの仕事と言えそうだ。

筆者は実は小学生の頃まではシャイだったのだが、高校に入る頃から、周りの友達からは「お前はおしゃべりだ」、姉からも「お前はいちいちひとこと多い」と言われていたので、通訳には向いていると思っていた。

そんなわけで、20代の頃(この頃にはフランス語しかできなかった)じっさい通訳のまねごとをしたことがある。しかし、やってみて向いていないことに気づいた。

最大のネックは、相手の話を聞くのが苦手で、相手の話が長くなると集中力が途切れることだ。だから、今、TOEICのテストなど受けたら10分ともたないだろう。

また、ついつい主観が入って余計なひとことを発してしまうという短所もある。通訳していて、外国人の友人から「お前、今、余計なアドバイスを言っただろ」と言われたことも何回かあった。

会話自体は嫌いではないのだが、こんなわけで通訳になるのはあきらめた。

翻訳が得意な方の場合、性格的な条件が邪魔しなければ、通訳者としても成功できる確率は高いが、その反対は難しいように思う。

素晴らしい通訳者が素晴らしい「和訳」翻訳家に転身した例はあまり聞いたことがない。おそらく、通訳スキルの素晴らしい方は、そもそも翻訳（和訳）という作業が好きでない場合が多い。ただし、特にビジネスレターなどの英訳に関しては、ある程度、業務のプロセスが共通しているので、通訳者で優秀な方もたくさんいるというのが筆者の印象だ。

南方熊楠《みなかたくまぐす》の語学習得法

翻訳力は短期間に身につけることができるのではないかという仮説を、筆者はあるとき実践してみることにした。

天才的語学の達人だった民俗学・生物学者の南方熊楠は19か国語をマスターしていたと

聞いていたので、3年前に和歌山県白浜町の南方熊楠記念館を訪れたとき、そこにある資料をあさって熊楠がどのように語学を勉強したのか調べてみた。彼の学習法は「一気に文法書を一通り読んで、後はパブでイギリス人としゃべりまくる」というものだった。

記念館では、熊楠が英語で書いた論文を見たのだが、筆者の見るところでは教養ある英米人の書くような立派な英語で、パブで話しまくるだけでこうした英作文力がつくはずはなく、彼は膨大な量の英語の論文を読んでいたに違いない（彼は一度見た単語は忘れない記憶力の持ち主だった）。

筆者は、20代後半の頃、駆け出しの英語、フランス語翻訳者として仕事を始めていた。日本橋の丸善や新宿の紀伊國屋《きのくにや》書店で英語、フランス語、イタリア語、ポルトガル語などの文法書と大きな辞書を買い込んできて、隅から隅まで読んで翻訳を試みたことがある。

それら文法書や辞書を読み込むことで、1言語平均30日程度で、翻訳の能力が身についたのである。29歳のときに、東京外語大に学士入学する頃までに、筆者の名刺には「英、仏、伊、西、ポルトガル、独、オランダ語、デンマーク語翻訳」の肩書がつくことになった。

これが可能だったひとつの大きな理由は、アテネ・フランセで、フランス人教師からフランス語の文章構造を徹底的に分析する練習をさせられた経験があったからだと考えている。もっと言語学の知識があったら、さらに短期間で（10日程度で）できるようになっていたと思う。

AIと自動翻訳の今後

最近、翻訳家を目指す学習者からよく「これからは自動翻訳が発達して翻訳の仕事はなくなるのではないですか」と聞かれる。この問題についての筆者の考えを述べておきたい。

20年ほど前に、コンピュータに非常に詳しい知人に、彼が開発中だという自動翻訳ソフトを見せてもらったことがあった。それを見たときは、少なくとも筆者の目の黒いうちは自動翻訳に仕事を奪われることはないなと思ったが、昨今のＡＩの発展を目の当たりにするとそれも少々怪しくなってきた、と言わざるを得ない。

筆者は、イギリスの翻訳会社の友人に、英仏、仏西の自動翻訳の文書を見せてもらったことがあるが、ほとんど問題ないレベルだった。

これらの経験から言えることは、欧米の言語間ではかなりの精度で自動翻訳が利用可能だということである。

また、ある日本のＩＴ系企業の部長から、証券会社が利用する株関係のニュースの翻訳を見せてもらったこともあるが、これもそう低いレベルではなかった。

英語─日本語でも株のニュースや輸出入書類、スペックの類は非常に精度が高くなっている。したがって、多少誤訳があったり、おかしな日本語だったりしても、おおむね何が書いてあるかわかればよいというときには、グーグル翻訳などで用が足りる時代はもうそこまで来ていると思う。

しかしながら、日本語─英語間では、精度を要求される文献や、文学作品となるとまだまだ人間が翻訳しなくてはならないと確信している。言語構造、表現の差の大きさ、語彙のもつ深いコノテーションなど、英語と日本語との間に横たわる大きな差異は、ＡＩの発達をもってしても、まだ解決に数十年かかるように思われる。それは言語学を科学的に研究する者ならたぶん同じ意見だろう。

英語のプロを目指す方に言っておきたいことは、これからは、本当に優秀な語学家はひっぱりだこになるが、まあまあ仕事にありつけていたというレベルの方はコンピュータに仕事をとられるだろうということだ。

これから語学で身を立てようと思う方は、単純に翻訳、通訳の仕事だけではなく、多角的に語学の知識を広めておき、情報収集、講演、執筆、ソフトウェア開発、ビジネスコーディネートなどをからめて、仕事を「クリエイト」する能力が求められる。

加えて専門性も必要とされるだろう。何か自分の切り札の分野をもち、できればその分野で3～5か国語を操れるというのがもっともクレバーな語学能力の活《い》かし方だ。

筆者は今、ワインのことなら6か国語で翻訳ができるとか、サッカー関係なら4か国語で通訳ができて記事が読める、といったタイプの生徒を育てている。

しかし、どの言語を切り札にするにしても、英語でのビジネス・コミュニケーション力はどこに行ってもついてまわる。そのためにも、安易にネイティブに会話を習ったり、TOEICの対策本ばかりで勉強するのはやめて、日本語を含む言語の学習を真摯に地道にすることを強くお勧めするものである。

第13章　40～50代からの英語学習の勧め

語学学習は壮年期からでもまったく遅くない

グローバル化が叫ばれて久しい21世紀の今日、英語教育のあり方については侃々諤々《かんかんがくがく》の議論がなされているが、苛烈な競争社会において、英語の能力をどのように有効に役立てて身を処するかが何よりも重要であろう。

すなわち、実務において英語をどの程度使いこなせるかが、個々人のビジネスライフにおいて主要な指標になる。だが、外国語習得と年齢との相関関係については、研究対象の多くが若年層に限定されているのが現状である。

我が国では一般に「外国語の学習年齢は低ければ低いほどよい」と信じられているが、

この通説は必ずしも科学的なものではない。

筆者は、言語習得に関連する能力は壮年期にそのピークを迎えると考えている。以後、このことをさまざまな角度から考察して実証していこうと思う。

ここ十数年来、笹野洋子『「読んで身につけた」40歳からの英語独学法』、塩田勉《つとむ》『おじさん、語学する』、浦出善文《うらでよしふみ》『不惑の楽々英語術』、菊間ひろみ『英語を学ぶのは40歳からがいい』など、壮年世代の英語学習者を鼓舞する著書が相次いで出版されており、かなりの支持を受けている。

このなかで、特に笹野氏の著書では、まず講読がしっかりできるようになることを勧めているが、これは重要な示唆を含んでいる。この後本章で指摘するように、壮年期になると瞬発的な反応の力は衰えてくるが、思考力、判断力は高まってくる。そして人とのコミュニケーションも巧みになるので、会話学習より講読学習のほうが適しているのである。読み書きが習熟するとハイレベルな語彙力もしっかりつく。それから会話学習に取り組んでも結果的に良い成果が出るのだ。

言語性の知能は60代に最高値に達する

では言語習得にもっとも適した年齢は特定できるのだろうか。

この疑問に対する答を過去の研究に求めれば、アメリカの心理学者J・ホーンらやドイツの心理学者P・バルテスらの研究にたどりつく。彼らは、20歳の平均値をゼロとして、加齢に伴う知能の変化を調査した。

その調査結果によれば、短期的な記憶力や集中力は20歳を過ぎると低下傾向にある。これに対して、判断力、経験知、応用力は20歳から上昇傾向に転ずることがわかる。

このデータを利用して、英語力を測定する6つの要素（語彙力、読解力、文法力、リスニング力、スピーキング力、作文力）の習得最適年齢を考察してみよう。20代を基準にして、最適年齢の優位、不利を考えてみる。

語彙力は壮年層の優勢勝ち

まず、語彙力に関して言うと、20代は短期的な記憶力や集中力においては相対的に優位となる。これを見ると、みなさんは若いうちは単語なんてすぐに覚えられると思うだろう。確かに、まったくの初歩段階で極めて初歩的な語、イヌやネコといったレベルならば、確かに若年層の学習者の習得は速い。

しかし例えば、"inter-"（相互の、中間の）という接頭辞の意味と"discipline"（訓練、練習）という名詞を知っていれば"interdisciplinary studies"という表現に出会ってもすぐその意味（学際的研究）が類推できたり、既知の語との関連性をもたせられたりするのは判断力、経験知、応用力の優れたほうだ。つまり、この領域では壮年層のほうが優れているのである。

こうした点に注目すれば、継続学習さえしていれば、60代は既知語と未知語の統合性、論理解析力、結合能力に長けている分、（特にレベルの高い専門分野の言語運用では）語彙の習得に有利に働くのである。

読解力も壮年層の優勢勝ち

次に、読解力に関して検討してみよう。

一般に、集中力を要する長文読解や、口語、俗語が多いシナリオのような会話体の文章では20代に有利に働くことがあると考えられる。

しかし、ニュース記事やコラムを読んで概要を把握するときは、タイトルから内容を推測したり大意と関係ある文章だけひろい読みするなど、判断力、経験知に長けた壮年層に勝ち目があるだろう。

文法力も壮年層の勝ち

文法力に関して考えてみると、暗記レベルでの文法問題（もっとも、筆者はこのタイプの文法問題は文法問題として認めていないが）では20代に有利に働くであろう。

しかし、「文法力」の定義が「文法的に正しい英文を組み立てるための総合知識」である限りにおいて、文法力とは本質的には論理的思考力の勝負であるから、そうなると壮年層の学習者のほうに一日の長がある。

また、記憶によって答が得られるような文法力は、誤りがあったときに「何かおかしい」という違和感を感じ取ることのできるレベルではない。大脳皮質と視床、脳幹を結びつけている神経核（基底核）の集まりが経験に照らして「不自然な文だ」という信号を発することにより感じる違和感は、判断力や経験知、応用力との関連が深い。

リスニングは若年層の勝ち

次にリスニングの能力に関して考えてみる。

ここで要求されるのは言うまでもなく聴力である。加齢とともに聴力そのものが20代に比べて壮年層は半減するため、聞こえが悪くなるという悪条件を抱えることになる。

リスニングの力とは音声記憶能力であることを考えると、短期の記憶に優れた20代が有利であることは言をまたない。

それでも、「知らない語や表現はいくら耳が良くても聞き取れない」のは間違いない。豊富な語彙のストックのある上級レベルの壮年層に関しては、とりわけ高度な内容の会話などは、語彙力が聴覚のハンディを補って余りあり、若年層を上回るケースも十分考えられる。

スピーキング力と作文力は壮年層の優勢勝ち

最後に、話す能力と英作文力を同時に検討したい。なぜなら、英語での発話とは英作文を瞬時に行う頭脳作業だからである。これらの能力の比較は容易ではないが、英語検定試験1級の面接のデータでは、学生と社会人のグループに分けて成績が比較されている。

それによると、2グループの間に統計上の差は認められないので、1級面接テストの合格率に年齢的な差はあまりないようだ。このことから、スピーキングに関して際立った年齢差はないように推測されるが、そうは言うものの、英作文力は語彙力と文法力がものを言うから、その意味では壮年層のほうがやはり優勢ではないかと筆者は考えている。むしろあるとすれば、性格的な問題のほうが大きなエレメントになるのではないか。

総括すると、若年層より壮年層のほうが学習には有利であり、年をとるほど語学学習には不利だ、という常識は単なる思い込みに過ぎないと言える。

壮年者への語学学習の勧め

通訳案内士試験の年齢別合格者数及び構成比

年齢	合格者数(人)	構成比(%)
10代	7	0.3
20代	170	7.1
30代	394	16.4
40代	633	26.3
50代	734	30.5
60代	426	17.7
70代	40	1.7

出典:日本政府観光局(JNTO)「平成28年度通訳案内士試験の合格発表」

以上を総合して考えると、壮年者が本格的語学学習を始めることに、何らハンディはないことがおわかりいただけただろう。

最後に、比較的高度な語学力を要求される「通訳案内士試験」(ガイド試験)の年齢別合格者数をご覧いただこう。ご覧のように合格者がもっとも多いのは40代から60代にかけてであり、ピークは50代の方々である。語学に興味をもつ壮年のみなさんには、ぜひ臆することなく語学学習を始められることをお勧めする。

おわりに

筆者の主宰する翻訳などのセミナーに出席する生徒さんたちと話していると、最近よく話題にのぼるいわゆる「日本語の乱れ」も感じるが、それとともに、カタカナ語（日本語化した英語）を使用することが多いと感じる。翻訳を勉強しようというレベルの方たちだから、おおむね高学歴者が多いというのもあるのだろうが、いささか行き過ぎの感が強い。

もちろん、言語というものはその時代にその国が政治的・経済的・文化的に影響を受ける国の語彙を移入するという歴史的事実はある。かつての英語は夥しい量のフランス語を吸収したし、タイ語の語彙はその多くがサンスクリット語、パーリ語の借用語である。日本語でも、古くは中国語から多くの学術語や観念的な語彙を取り入れた。

しかし、こうした歴史的な現象に比べて、現代の日本語における英語（若干はほかの欧州言語）の氾濫は、学術語ばかりでなく、ごく日常的な口語、俗語の分野で起こっている点が特徴的である。こうした現象はインターネットの普及によって大量の情報が海外から流入してくることと無関係ではあるまい。

巷間《こうかん》、活字離れが言われて久しい。確かに若者たち（大学生ですら）の読書量は著しく低下しており、それに比例するように良質の文章を書く方が減少している。文科省の国語教育の軽視もあって、若者のみならず一般の日本人の論理的思考力もぐらついてきているように思われる。じっくりものを論理立てて考えて表現するという訓練が絶望的に不足しているため、自分自身あやふやなその感覚を、没個性的なはやり言葉や、感情的で実は中身のないカタカナ語でごまかしながら口に出しているのである。

他方、メディアの発達により表現の画一化が進み、知識人の間ですら個性的な表現が衰退しつつある。

問いかける側も考えをきちんと整理して正しい言葉で落ち着いて発話しないので、聞いている側もあやふやなセットフレーズ（決まり文句）で応じる。気づいてみると、話がかみ合っていないこともしばしばで、両者ともわかっているようで実は何も本質的なトークがなされていないというような場面を、テレビの討論番組などでもよく見かける。

ビジネスピープルはと言えば、特にＩＴ業界や国際政治、金融の世界では、業界特有の英語が飛び交い、少し専門が異なる方にはもはや何を言っているかわからない談話が跋扈《ばっこ》している。特に、外国（アメリカ、イギリス）で長く暮らしていた方や、留学してＭＢＡでも取得してきたようなエリートなどは、英語の表現が普通の日本人にどこまで通じるのか理解していないようだ。あるいは、むしろそうした専門用語を散りばめることによって、自分の知識人としての力量を誇示しようとしているかのごとくである。

この背景には、日本と欧米の両方にまたがって生活やビジネスでの経験を積んできた方に特有の、日本語・英語間での「表現形式における葛藤」がある。海外で生活し、人間関係やビジネスでギャップに苦労した方は、自分のアイデンティティをどのあたりに置くかで悩むことが多かろう。日本式で通そうとすれば現地の方々との軋轢《あつれき》に苦しみ、現地人に近い考え方に染まると、いわゆる「忖度《そんたく》」「阿吽の呼吸」に代表されるような日本語のコノテーション（言外の含み）への理解を欠き、日本人とのコミュニケーションが難しくなるのだ。筆者も四六時中外国語と接している立場の人間なので、こうした方々の葛藤を理解できないわけではない。

現代の日本人が抱えるこの種の問題を解決するベストの方法はあるのだろうか。筆者としては、やはりまず日本人としてのアイデンティティをしっかり固めたうえで、文化や社会的な慣習の違いを広く理解する力と、違いを認め合う寛大な精神を養い、自分の立ち位置を確立していくべきだと確信している。

そのためには、今一度、国語を（特に文章語を）徹底的に学んでから、外国語の学習を始めるべきだ。残念ながら日本語と英語は構造的に著しく異なる言語であり、また表現の仕方のベースになっている文化的バックグラウンドも大きく異なるため、逐語的に訳していくような学習の仕方や、丸暗記型の学習では習得が不可能だからである。こうしたことを考えると、ＴＯＥＩＣ中心の英語教育は極めて非効率的なものであり、いわんや学校教育やビジネスでの英語能力の適切な評価にはまったく不向きであると言わざるを得ない。

英文法を日本語文法と比較しながら学ぶことは、学問の基礎となる「論理的思考力」を鍛えるのに非常に効果的であるし、それによって、日本の英語教育もバックアップしている根強い英語及び欧米文化に対するコンプレックスも取り除かれていくのである。

こうしたことを踏まえて、文科省、教育関係者、実業界の指導的立場にある方に、TOEIC中心主義を捨てて、真の意味で日本人に適した英語教育とはどうあるべきか、考え直していただくようお願いしたい。同時に、現在英語を学習している方々には、TOEICのスコアに一喜一憂することなく、真に地に足が着いた学習を楽しんでいただきたいと切に思う。

本書の執筆にあたっては、現在大学教育やビジネス英語教育にたずさわっている多くの友人たち、また現在英語を学習している方々に貴重な情報やご意見を寄せていただいた。ご協力いただいたすべての方々に感謝の意を捧げたい。

また、集英社新書編集部の金井田亜希さんには、草稿の段階から有益な助言をいただいた。記して感謝の意を述べたい。

平成三十年一月

著者識

用語集

アスペクト（aspect）：言語学でいう「アスペクト」は、「相《そう》」または、ロシア語などでは「体《たい》」とも言われる文法用語で、ある動詞で表される行為や状態をどのような視点で捉えて表現されるかによって区別する文法カテゴリー。
　フランス語の単純過去と半過去は、一般には時制として教えられているが、実際にはアスペクトの違いによるものである。ロシア語ではこれが動詞の活用ではなく、接辞によって表示される。

意味の場（semantic field または range of meanings of a word）：ある語または語群が意味の領域において占める範囲。

意味論（semantics）：語の意味の本質探究、意味構造の分析、意味変化の原因や類型の分析などを行う言語学の研究分野のひとつ。

隠喩（メタファー　metaphor）：類似性に基づく比喩表現のひとつで「虫の息」、「あの選手は怪物だ」のように「〜のような」にあたる語を使わないたとえ。反対に「虫のような息」、「あの選手は怪物みたいだ」などの表現を直喩"simile"という。

音声学（phonetics）：音声に関する研究を行う言語学の一分野。

格変化（case inflection）：文中での語と語の関係を示すために起きる語の変化。例えば、ラテン語で「バラ」を表す語は、主格のとき"rosa"、属格（≒所有格）のときは"rosae"、対格（≒直接目的格）のときは"rosam"とかたちを変える。

英語の名詞も昔は格変化があったが、現在ではかなり廃《すた》れて、代名詞といわゆる"apostrophy s"の所有格に残るのみである。現代の西欧語では例外的にドイツ語に格変化がしっかり残っている。ロシア語、ポーランド語、クロアチア語など、スラブ系言語には格変化が華やかに残っている。

冠詞(article):名詞と結びついて、その名詞を中心に構成される名詞句の「定性」(聞き手が指示対象を同定できるかどうか)や「特定性」(特定の対象を指示しているかどうか)を示す語彙要素。ただし、「定性」、「特定性」のほかにも、言語によってはさまざまな機能がある。

形態論(morphology):単語などの形態変化を研究する言語学の一分野。

語彙の対応:英語の"rice"を日本語にすると、その状態によって「稲」、「米」、「御飯」などに訳し分けなければならない。逆に、日本語の「麦」はその種類によって、"barley"(大麦)、"wheat"(小麦)、"oat"(カラス麦)、"rye"(ライ麦)の4語に相当する。このように、異なる言語間では、語彙が必ずしも「1:1」で対応していない。このような語と語の関係を「語彙の対応」と呼ぶ。

コノテーション(**言外の含み** connotation):ある言葉の表向きの意味のなかに含まれる個人的、感情的、状況的な意味を指す。例えば、日本語で「昼行灯《ひるあんどん》」と言えば、ぼうっとしていて役に立たない人を指す。

コミュニケーション文法:一般的に「コミュニカティブ・アプローチ」(communicative approach)という語が使われている。ひとつの独立した教授法を指すのではなく、コミュニケーション能力の養成を目的としたコミュニカティブ・アプローチを応用して体系化した文法を意味している。

語用論(pragmatics):話し手と聞き手の間で、聞き手が「話し手が伝えたいと思っている意味」をなぜ理解できるのかを研究する言語学の一分野。

コロケーション（collocation）：「連語」と訳される。通常共起する語と語のつながりのこと。文法的コロケーションと意味的コロケーションとがある。

文法的コロケーションの例としては、"enjoy" は後方に動名詞を要求するが、"want" は to 不定詞を要求する。また形容詞 "proud" は "of" を要求するが、"kind" は "to" を要求するなど。

意味的コロケーションの例としては、日本語は「スープを飲む」と言うが、英語では "drink" ではなく "eat soup" と言うとか、「時間をつぶす」は英語では "crush" ではなく "kill time" と言うとか、「高い鼻」は英語では "high" ではなく "long nose" と言うなどの例。

再帰動詞（reflexive verb）：主語と同一の人や物を目的語としてとるタイプの動詞。英語では16世紀頃からかなり廃れている。

シソーラス（thesaurus）：言葉を同義語や意味上の類似関係、包含関係などによって分類した辞書、またはデータベース。ギリシャ語で「宝物庫」を意味する "thēsaurós" という語が語源。

実験音声学（experimental phonetics）：音声の形成と知覚の過程を、カイモグラフ、オシログラフなどの機器を利用して科学的に研究する音声学の一分野。

自動詞（intransitive verb）：目的語がなくても意味が成り立つ動詞。

シャドーイング（shadowing）：イヤホンなどで音声を聞いて即座に復唱する訓練法。外国語学習においてリスニング、スピーキング能力改善のために利用されるほか、同時通訳の訓練でリテンション（記憶保持）能力の向上を目的として、数秒遅れて繰り返す手法もシャドーイングと呼ばれる。

シラバス（syllabus）：大学などでの講義の大まかな学習計画を指す。

スピーチレベル（speech level）：気楽な人間関係間で交わされる表現と正式の場で使われる表現などの違い。

スラング（slang）：要するに「俗語」と考えていいが、言語学的にきちんと定義すると、特定の職業、年代、社会階層、ライフスタイルなどを共有する集団のなかでのみ通用する隠語、卑語。

スル的言語：英語は、日本語で「何かは〜になる」というとき「何（誰）かが何かを〜する」と表現するのを好むので、「スル的言語」と呼ばれる。例“The concert provides some fine entertainment.”（直訳：コンサートはいくらかの素敵な娯楽を提供する→コンサートはよい気晴らしになる）

接辞（affix）：単独に用いられず常に別の語に添加されて、添加された語に何らかの意味や情報を付加する語彙要素。語頭につくものを「接頭辞」（prefix）、語尾につくものを「接尾辞」（suffix）という。日本語の例を挙げれば、「ま緑」の「ま」は接頭辞、「美しさ」の「さ」は接尾辞である。英語例では、“exportation”の“ex-”は接頭辞、“-ation”は接尾辞である。

双数（dual）：ふたつのものを表す名詞がとるかたちのこと。アラビア語や一部のスラブ系言語などに見られる。

態（voice）：文の主語が動詞の表す動作に対してどういう関係にあるかを示す、動詞における文法カテゴリーのひとつ。動作主になっている場合の形を能動態（active voice）、対象になっている場合のそれを受動態（passive voice）という。英語ではこのふたつの態しか習わないが、言語によっては（例えばラテン語、北欧諸語）、主語と目的語が同一物を表す場合の態（中道態またはデポーネンスという）もある。

他動詞（transitive verb）：目的語がないと意味が成り立たない動詞。

つなぎ言葉（connecting word）：言葉と言葉、文と文、段落と段落をつなぎ、前後がどんな関係であるかを表す言葉。英語の例を挙げれば、"so" "anyway" "by the way" など。

テニヲハ：日本語の助詞の古い呼び名。

統辞（統辞論　syntax）：文法において、語、句、節などが文中で結びつけられるときの規則を記述する言語学の一分野。英語の「シンタクス」という用語もよく使われる。

動名詞（gerund）：動詞から派生した名詞形。基本的には名詞でありながら動詞の性格も残している。英語では現在分詞と同形であるが、現在分詞とは起源を異にする。

ナル的言語：日本語は、英語で「何が〜する」という表現をするときにしばしば「何が〜になる」という表現をするので「ナル的言語」と呼ばれる。例 "All work and no play made him a dull man."（直訳：すべての仕事と遊ばないことが彼をダメな人間にした→仕事ばかりしていて遊ばなかったので彼はダメな人間になった）

認知法（cognitive approach）：より正確に訳せば「認知主義的メソッド」ともいうべきこのメソッドは、20世紀前半のダイレクト・メソッドやパターンプラクティスのようなオーラルな（口頭練習主体の）教授法のアンチテーゼとして提唱されたもので、認知主義心理学と変形文法理論に基礎をおいている。

このメソッドは、第二言語学習において、学習者自身が多くの文のなかから規則を発見し、その規則を能動的に使用できるようになるのを目標としている。

教師は学習者が習得すべき文法規則を理解させた後、それらの規則が適当な場面で利用できるよう練習を行い、学習者が習得した規則をコミュニケーションのなかで使えるよう発話の機会を与える。

ノン・バーバルコミュニケーション（non-verbal communication）：表情、アイコンタクト、ジェスチャーなど、言葉に依らない非言語コミュニケーション。

パターンプラクティス（pattern practice）：さまざまな文法表現を含む例文を少しずつ変化させながら、反覆してトレーニングする会話学習メソッド。

副詞（adverb）：一般に英文法では、「動詞、形容詞、副詞、文全体を修飾する語」と定義されているが、基本は動詞の内容を詳しく規定する語と考えてよい。

プレースメントテスト（placement test）：語学力をレベル分けするためのテスト。

分詞構文（participial construction）：現在分詞または過去分詞を用いて、ふたつの文をひとつにつなぐ用法。

変種（variant）：社会言語学で用いられる「言語変種」（variety of language）という用語は、ある言語を使用する特定の集団や個人が用いるさまざまな言語ヴァリエーションを指す。

法（mood）：話し手の心的態度を区別するために行われる動詞の語形変化を言う。英語では直説法と仮定法がよく知られている。直説法は話者の言及内容を事実として述べる法であり、仮定法とは出来事を事実としてではなく、推測上の事柄、非現実の事柄として述べる法である。

参考文献

市川力『英語を子どもに教えるな』中公新書ラクレ、2004年
浦出善文『不惑の楽々英語術』集英社新書、2006年
江川泰一郎『英文法解説（改訂三版）』金子書房、1991年
大津由紀雄『英語学習 7つの誤解』NHK出版 生活人新書、2007年
大津由紀雄・江利川春雄・斎藤兆史・鳥飼玖美子『英語教育、迫り来る破綻』ひつじ書房、2013年
神田昌典『お金と英語の非常識な関係（上・下）』フォレスト出版、2004年
菊間ひろみ『英語を学ぶのは40歳からがいい――3つの習慣で力がつく驚異の勉強法』幻冬舎新書、2011年
齋藤孝・斎藤兆史『日本語力と英語力』中公新書ラクレ、2004年
佐々木高政『英文構成法（五訂新版）』金子書房、1973年
笹野洋子『「読んで身につけた」40歳からの英語独学法』講談社＋α文庫、2002年
塩田勉『おじさん、語学する』集英社新書、2001年
菅原克也『英語と日本語のあいだ』講談社現代新書、2011年
鈴木孝夫『日本人はなぜ英語ができないか』岩波新書、1999年
鈴木孝夫『英語はいらない!?』PHP新書、2000年
施光恒『英語化は愚民化――日本の国力が地に落ちる』集英社新書、2015年

千野栄一『外国語上達法』岩波新書、１９８６年
鳥飼玖美子『ＴＯＥＦＬ・ＴＯＥＩＣと日本人の英語力――資格主義から実力主義へ』講談社現代新書、２００２年
鳥飼玖美子『危うし！ 小学校英語』文春新書、２００６年
鳥飼玖美子『「英語公用語」は何が問題か』角川ｏｎｅテーマ21、２０１０年
鳥飼玖美子『国際共通語としての英語』講談社現代新書、２０１１年
鳥飼玖美子『本物の英語力』講談社現代新書、２０１６年
鳥飼玖美子・大津由紀雄・江利川春雄・斎藤兆史『英語だけの外国語教育は失敗する――複言語主義のすすめ』ひつじ書房 英語教育ブックレット、２０１７年
永井忠孝『英語の害毒』新潮新書、２０１５年
行方昭夫『英会話不要論』文春新書、２０１４年
成毛眞『日本人の９割に英語はいらない――英語業界のカモになるな！』祥伝社、２０１１年
野口悠紀雄『「超」英語法』講談社、２００４年
バトラー後藤裕子『英語学習は早いほど良いのか』岩波新書、２０１５年
浜野実『英語辞書を使いこなそう』岩波ジュニア新書、１９９９年
藤原正彦『祖国とは国語』新潮文庫、２００６年
本名信行『世界の英語を歩く』集英社新書、２００３年
水村美苗『日本語が亡びるとき――英語の世紀の中で』筑摩書房、２００８年

茂木弘道『文科省が英語を壊す』中公新書ラクレ、2004年
G・リーチ、J・スヴァルトヴィック著、池上恵子訳『現代英語文法――コミュニケーション編（新版）』紀伊國屋書店、1998年
和田秀樹『受験学力』集英社新書、2017年
渡部昇一『英語の早期教育・社内公用語は百害あって一利なし』徳間書店、2014年

【英語学習におすすめの本】

独断と偏見で筆者自身が多くのことを学ばせていただいた書籍を紹介する。

猪浦道夫『英語冠詞大講座』DHC、2016年
猪浦道夫『英語語彙大講座』DHC、2017年
O・ヴァカーリ『英文法詳論（新版）』丸善、1964年
江川泰一郎『英文法解説（改訂三版）』金子書房、1991年
大津由紀雄『英文法の疑問――恥ずかしくてずっと聞けなかったこと』NHK出版 生活人新書、2004年
大津由紀雄『英語学習 7つの誤解』NHK出版 生活人新書、2007年
F・クディラ、羽鳥博愛『英語発想IMAGE辞典』朝日出版社、1984年
R・A・クロース著、齋藤俊雄訳『現代英語文法』研究社出版、1980年

最所フミ編著『英語類義語活用辞典』研究社出版、1979年
佐々木高政『和文英訳の修業（三訂新版）』文建書房、1968年
佐々木高政『英文構成法（五訂新版）』金子書房、1973年
篠田義明『これだけは知っておきたい技術英語の常識』ジャパンタイムズ、1988年
篠田義明『工業英語（増補版）』朝日出版社、1996年
C・トゥーヒグ『知的会話のための英語』ベレ出版、2004年
A・J・トムソン、A・V・マーティネット著、江川泰一郎訳注『実例英文法（第4版）』オックスフォード大学出版局、1988年
萩野敏・島村青児『EARNEST英文法・語法——例文中心 英文法・語法の徹底理解（新装版）』文英堂、2005年
M・ピーターセン『日本人が誤解する英語』光文社 知恵の森文庫、2010年
M・ピーターセン『実践 日本人の英語』岩波新書、2013年
G・リーチ編著、田中春美・樋口時弘訳『ネイティブ英語運用辞典』マクミラン・ランゲージハウス、1996年
綿貫陽他『徹底例解 ロイヤル英文法（改訂新版）』旺文社、2000年

猪浦道夫（いのうら　みちお）

ポリグロット外国語研究所主宰。横浜市立大学、東京外国語大学イタリア語学科卒業後、同大学大学院修士課程修了。『語学で身を立てる』など著作多数。

TOEIC亡《ぼう》国《こく》論《ろん》

二〇一八年三月二一日　第一刷発行

集英社新書〇九二三E

著者……猪浦道夫《いのうらみちお》

発行者……茨木政彦

発行所……株式会社集英社

東京都千代田区一ツ橋二-五-一〇　郵便番号一〇一-八〇五〇

電話　〇三-三二三〇-六三九一（編集部）
〇三-三二三〇-六〇八〇（読者係）
〇三-三二三〇-六三九三（販売部）書店専用

装幀……原　研哉

印刷所……大日本印刷株式会社　凸版印刷株式会社

製本所……加藤製本株式会社

定価はカバーに表示してあります。

ISBN 978-4-08-721023-1 C0280

Printed in Japan

a pilot of wisdom

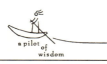

哲学・思想——C

心を癒す言葉の花束 アルフォンス・デーケン
自分を抱きしめてあげたい日に 落合 恵子
その未来はどうなの？ 橋本 治
荒天の武学 内田 樹 光岡 英稔
武術と医術 人を活かすメソッド 甲野 善紀 小池 弘人
不安が力になる ジョン・キム
冷泉家 八〇〇年の「守る力」 冷泉貴実子
世界と闘う「読書術」 思想を鍛える一〇〇〇冊 佐高 信 佐藤 優
心の力 姜 尚中
一神教と国家 イスラーム、キリスト教、ユダヤ教 内田 樹 中田 考
伝える極意 長井 鞠子
それでも僕は前を向く 大橋 巨泉
体を使って心をおさめる 修験道入門 田中 利典
百歳の力 篠田 桃紅
釈迦とイエス 真理は一つ 三田 誠広
ブッダをたずねて 仏教二五〇〇年の歴史 立川 武蔵
「おっぱい」は好きなだけ吸うがいい 加島 祥造
イスラーム 生と死と聖戦 中田 考
アウトサイダーの幸福論 ロバート・ハリス
進みながら強くなる ——欲望道徳論 鹿島 茂
科学の危機 金森 修
出家的人生のすすめ 佐々木 閑
科学者は戦争で何をしたか 益川 敏英
悪の力 姜 尚中
生存教室 ディストピアを生き抜くために 内田 樹 光岡 英稔
ルバイヤートの謎 ペルシア詩が誘う考古の世界 金子 民雄
感情で釣られる人々 なぜ理性は負け続けるのか 堀内進之介
永六輔の伝言 僕が愛した「芸と反骨」 矢崎泰久・編
淡々と生きる 100歳プロゴルファーの人生哲学 内田 棟
若者よ、猛省しなさい 下重 暁子
イスラーム入門 文明の共存を考えるための99の扉 中田 考
ダメなときほど「言葉」を磨こう 萩本 欽一
ゾーンの入り方 室伏 広治

a pilot of wisdom

集英社新書　好評既刊

改憲的護憲論
松竹伸幸　0914-A
憲法九条に自衛隊を明記する加憲案をめぐり対立する改憲派と護憲派。今本当に大事な論点とは何かを問う。

「在日」を生きる　ある詩人の闘争史
金時鐘／佐高　信　0910-A
在日社会における南北の断層、差別という修羅場を超えてきた詩人の闘争史を反骨の言論人・佐高信が聞く。

ペンの力
浅田次郎／吉岡　忍　0915-B
日本ペンクラブの前会長と現会長が、もはや絵空事ではない「言論弾圧」の悪夢に警鐘を鳴らす緊急対談。

松本清張「隠蔽と暴露」の作家
高橋敏夫　0916-F
現代人に今こそ必要な社会や国家への「疑い」を称揚し秘密を見抜く方法を清張作品を通して明らかにする。

羽生結弦は助走をしない　誰も書かなかったフィギュアの世界
高山　真　0917-H
スケートファン歴三八年の著者が演技のすばらしさを、マニアックな視点とフィギュア愛炸裂で語りつくす！

藤田嗣治　手紙の森へ〈ヴィジュアル版〉
林　洋子　044-V
世界的成功をおさめた最初の日本人画家の手紙とイラスト入りの文面から、彼の知られざる画業を描き出す。

決断のとき――トモダチ作戦と涙の基金
小泉純一郎　取材・構成／常井健一　0919-A
政界引退後、原発ゼロを訴え、トモダチ作戦被害者基金を設立した、「変人」と呼ばれた元総理の初の回想録。

公文書問題　日本の「闇」の核心
瀬畑　源　0920-A
自衛隊の日報や森友・加計など、相次ぐ公文書の破棄・隠蔽問題。政府が情報を隠す理由とその弊害を解説！

したがるオスと嫌がるメスの生物学　昆虫学者が明かす「愛」の限界
宮竹貴久　0921-G
〝受精＝愛の成就〟の最も重要な決め手は何か。昆虫学者がオスとメスの繁殖戦略の違いを通して解き明かす。

私が愛した映画たち
吉永小百合　取材・構成／立花珠樹　0922-F
出演作品一二〇本、日本映画の最前線を走り続ける大女優が、特に印象深い作品を自選し語り尽くした一冊。